马克思传

罗范懿 著

国文出版社
·北京·

图书在版编目（CIP）数据

马克思传 / 罗范懿著. -- 北京 ：国文出版社，
2025. -- ISBN 978-7-5125-1833-9

Ⅰ．A711

中国国家版本馆CIP数据核字第20246M2L15号

马克思传

作　　者	罗范懿	
责任编辑	罗敬夫	
统筹监制	杨　智	
责任校对	周　琼	
出版发行	国文出版社	
经　　销	国文润华文化传媒（北京）有限责任公司	
印　　刷	文畅阁印刷有限公司	
开　　本	880毫米×1230毫米	32开
	6.5印张	159千字
版　　次	2025年3月第1版	
	2025年3月第1次印刷	
书　　号	ISBN 978-7-5125-1833-9	
定　　价	59.80元	

国文出版社

北京市朝阳区东土城路乙9号　　　　　邮编：100013
总编室：（010）64270995　　　　传真：（010）64270995
销售热线：（010）64271187
传真：（010）64271187-800
E-mail：icpc@95777.sina.net

马克思(1818—1883 年),无产阶级革命导师,马克思主义创始人。

1843 年 6 月,与燕妮结婚。10 月,迁居巴黎。1844 年撰写的《1844 年经济学哲学手稿》,从唯物主义、共产主义的立场出发,对资产阶级政治经济学、资本主义制度进行批判性研究,对共产主义作初步理论论证。

1844 年 8 月底,马克思、恩格斯在巴黎会见,从此并肩战斗终生。1848 年,马克思、恩格斯为共产主义者联盟起草的《共产党宣言》正式出版。《共产党宣言》第一次全面阐释了科学社会主义的基本原理,为世界无产阶级运动和人类解放提供了科学的理论纲领和正确的思想指导。它的问世标志着马克思主义的诞生。

1867—1894 年,马克思创作的《资本论》分三卷出版。《资本论》以剩余价值为中心,对资本主义进行了彻底的批判,论证了资本主义将被共产主义取代的历史必然性,为科学社会主义奠定了理论基础。这部著作在政治经济学领域实现了革命性变革,创立了马克思主义政治经济学。

目　录

第三章 撰写《共产党宣言》

第一章

浪漫的生活

月亮出山的时候

1818 年 5 月初,德意志联邦莱茵省南部摩塞尔河畔的特里尔城,景色格外迷人。

5 月 4 日,特里尔城的布吕肯巷 664 号,主人的神情激动而焦躁。这是 37 岁的特里尔高等上诉法院的律师亨利希·马克思先生。他父亲是知名的波兰法学家,从波兰到了德国后就一直在此定居。

亨利希在走廊里踱来踱去,这位安详文雅的人又把耳朵紧紧地贴到卧室房门上倾听,他要倾听出其中的一丁点声响的具体内容——

里面在忙碌着什么?听说是要绳子什么的东西。找绳子?难道是……

亨利希听着想着,他真忍受不住了,连忙对着门缝小心翼翼地说:"呃,别让绳子束缚住孩子的手脚。"

"先生,你别急,还没到那个时候,到时候你再发言。"卧室里传出了笑声。

"嗯,要放手让孩子发挥自己的智慧和才干,走自己的路……"亨利希心想。

听说孩子还没生下来,亨利希又直起腰,在走廊里踱来踱去,踱到窗前,眺望星空,一轮银盘样的满月从山那边跳出,大地洒上了一层银辉,屋顶的烟囱、教堂的圆顶、高耸的钟楼,还有那摩塞尔河上的汽船、渔舟,霎时都沐浴在了静静的月光里。

亨利希已等待了几个钟头,这时,焦急的心情却被夜半窗外的月色迷住了。5月5日凌晨两点钟,助产妇阿尔普士大娘匆匆从卧室里跑出来:"生了,生了,男孩,男孩!"

这位犹太律师和妻子罕丽达·普列斯堡,都为家中第二个男孩的平安降生而感到高兴。他伏在床前吻她少了血色的嘴唇,吻她疲惫、憔悴的脸颊,抚平她额头上一夜之间增多了的皱纹……

5月7日,过了"三朝",下午4时,亨利希到特里尔市管理局民政事务官员处填了一张出生登记表,他在第一栏内庄重地写上——"卡尔"。

"欧洲十字路口"

卡尔·马克思出生的年代,是欧洲资本主义社会已经进入自由发展的时期。时代的进步,资本主义的自由发展,给人类社会创造了许多辉煌的文明。

18世纪60年代,英国开始了工业革命。织工哈格里夫斯发明了"珍妮纺纱机",这种纺纱机可以使16—18只纱锭同时工作,使得纺织产量迅速提高;机械师瓦特试制联动蒸汽机成功,英国建立起了第一台蒸汽纺纱机。蒸汽发动机的采用,为英国的工业发展提供了强大的原动力。到了19世纪30—40年代,英国各主要工业部门都采用了机器生产,尤其是在纺织业中,大机器生产已取得主导地位。

随着工业的发展,思想意识方面形成了古典政治经济学。亚当·斯密出版《国富论》一书,阐述了"劳动是社会财富源泉"的观点。继亚当·斯密之后,大卫·李嘉图在《政治经济学和赋税原理》一书中把斯密的劳动价值观点又向前推进了一步,指出商品的交换价值决定于被消耗的劳动。

1789—1794年,法国发生了深刻的资产阶级革命,推翻了统治1000多年的封建制度,建立起资产阶级政权。这个政权击退了国内外反动势力的进攻,解决了农民的土地问题,为发展工业资本主义奠定了基础。

但法国革命和其他资产阶级革命一样,只是以资本主义剥削代替了封建剥削制度。"自由、平等、博爱"对于劳动者来说仍是一句空话。因此,资产阶级知识界的一些先进分子,开始思考劳动群众继续贫穷的原因,幻想消除社会混乱,建立一种新的制度。19世纪初,出现了一些空想社会主义者和共产主义者,其中最著名的代表人物是圣西门。

圣西门在他的《论实业制度》中,主张建立一个公平合理的新社会。在这个社会里,人人劳动,用自己的力量来为人类造福,用统一的科学计划组织大工业生产,对人的政治管理将变成对物的管理以及对生产过程的指导,国家将变成生产和社会管理机关。然而,他不了解社会发展的真正动力,错误地认为无产阶级无力解放自己,也不能领导和建立新社会。

18世纪末爆发的法国资产阶级革命,对德国——卡尔·马克思的生长地——的社会发展尤其是对意识形态领域内的斗争起到了重大的促进作用。从18世纪末叶起,德国掀起了一场批判封建主义,批判宗教蒙昧主义,提倡"自由、平等、博爱"和"人道主义",提倡理性和科学的思想运动。在这场思想运动中,出现了莱辛、歌德、席勒等一批有名的启蒙思想家。更为重要的是,在这场思想启蒙运动的基础上,产生和形成了从康德到黑格尔的德国古典唯心主义。

特里尔城市发展很快,早在5世纪就成为帝国的首府,成了欧洲一个令人瞩目的城市。罗马就是从特里尔这个中心统治自己的西部领地的,当时这些领地包括了高卢、不列颠群岛和西班牙。这里有罗马时代富丽堂皇的宫殿,有罗马大教堂,有闻名于世的"黑门"……14世纪,特里尔的大主教同时成为高卢的总督。1632年,红衣主教黎塞留接受特里尔大法官的头衔。18世纪末、19世纪初,特里尔曾被法国短暂地占领,后来重归德国统治。

此时,欧洲从资本主义自由发展开始走向掠夺。就在这个被分割得七零八落后经济上却远远落后于法国、英国的德国,沸腾着法国大革命思想,在自由派与反动派之间进行最激烈斗争的时期,向左还是向右、向前还是退后?日益成为人们关注的焦点。

卡尔·马克思就在这个时候呱呱坠地了,又正好起步于特里尔这个当时号称"欧洲十字路口"的中心城市。

"入场券"的诱惑

卡尔·马克思的父亲亨利希是个具有先进思想的知识分子,年轻时家境清寒,过着艰苦的生活,但是由于勤奋努力,后来成为一名律师,在故乡特里尔的居民中很受尊敬。父亲渊博的学识、比较进步的思想,以及耐心的引导,给了卡尔以良好的启迪。

卡尔的母亲罕丽达,是个荷兰人,德语说得不大好。她是个善良的家庭主妇,整天操持家务,关心家人的健康,但是,对于儿子的思想,特别是儿子的志向,并不理解。

父母和他们的朋友不时影响着卡尔。

"罕丽达,你看海涅在他的诗歌里说得多好,他把信仰看作是一张进入欧洲文明的入场券。"亨利希伏身于灯下,对着一本正在读的书自言自语道。妻子那边没有什么反应,只有她搓洗衣物的声音在回答他。

"很可惜,你对文学的兴趣不大,只研究家务不研究信仰。"亨利希只好这么自我安慰,自我解释:"一个人活一辈子没有任何信仰也是一大悲剧,不能选择自己最理想的信仰更是最大的悲剧。"

这时,卡尔却飞快地来到了父亲的身边,要抢父亲手里的书。

"爸爸,信仰? 入场券?"卡尔瞪大眼睛问父亲,"信仰是什么? 入场券是什么? 文明是什么? 它们都像烧饼、葡萄一样,能吃吗?"

这个对什么问题都纠缠不放的孩子,让连日来难得高兴的父亲笑了起来:"能吃,能吃! 我亲爱的卡尔!"父亲说着,抚摸着孩子一头浓密的黑发。

"别扯坏了书,让爸爸看下去。"亨利希看着这对向他久久地仰望、凝视的明亮照人的褐色眼睛,认真地说,"这就是信仰和入场券! 这些书都是入场券! 你长大读书了就知道了,里面可以读出烧饼和葡萄来。"

卡尔又不解地、贪婪地盯住了海涅的诗歌,以及伏尔泰、卢梭的一些书籍。

"我亲爱的卡尔,你不是喜欢去剧院里看戏吗? 进剧院里的那张票就是入场券,没有这个东西是进不去的。"亨利希又耐心地对孩子说。

"我要读书! 我要信仰! 我要入场券!"卡尔蹦到妈妈的身旁。

书柜是属于爸爸的。亨利希是读法文中学、大学毕业的,仅法国的戏剧目录书就藏有 38 卷。埃德加尔·冯·威斯特华伦说他是"一个能够背诵伏尔泰和卢梭作品的地道的 19 世纪的法国人"。

正当亨利希阅读得入神入味的时候,侍女来告:"主人,弗里德里希斯来访!"

弗里德里希斯是特里尔城高等法院的陪审官,他参加了泛德意志大学生协会,是亨利希要好的青年同事。

"您请坐,同事先生,我发现您又在生气。"亨利希律师十分敬佩他的勇气却又常常为他担心。

弗里德里希斯不等屁股坐定,便热情地、滔滔不绝地说开了:"我们究竟生活在一个怎样的国家里! 34 个诸侯分割了国家政权,成百个关税区把德意志内部互相封锁起来;费希特被禁止活动,施泰因遭受迫害,而诗人恩斯特·莫里茨·阿恩特则被解除了教授职务;国王今天是否还履行他的诺言呢? 他本来想给我们制定一部宪法,可今天他不再想这件事了! 律师先生,您看看人民的处境吧! 奴隶制虽然废除了,但是农民今天的生活改善了吗? 我们需要德意志国家的统一! 德意志联邦正处在梅特涅暴君的严密控制之下!"

弗里德里希斯跳起来,又豪放地做着手势说:"而您呢,同事先生? 我看,您只是安闲地、自我陶醉地读莱辛和伏尔泰的著作!"

亨利希试图使这位年轻的同事安静下来,但弗里德里希斯粗暴地打断了他的话:"监视大学、大学教授和大学生——检查报纸、禁锢思想,通过制定取缔煽动民众的法律放逐一切爱国人士,就连大学生听讲的笔记本也要反复检查。可耻,简直太可耻了!"

亨利希总算对弗里德里希斯的意见作出了反应:"你讲得完全对,德意志联邦国家像一座监狱,诸侯们从市民和农民身上榨取高额利税,他们躲在豪华的宫殿里过着骄奢淫逸的生活,并且用一个充满阿谀谄佞侍臣的宫廷把自己包围起来。他们是德意志统一的阻力。"

亨利希又说:"事情不能操之过急,过急会惹出过多的麻烦来,慢慢唤起统治者的觉悟,才能把德意志统一的事办好。"

听到这里,弗里德里希斯突然打断了亨利希这位年长同事的思路说:"你怎么还是对这些腐败的统治者们抱幻想、抱希望?只有广大劳动者们站起来,自己创立一个统一的德意志,现状才能够改变!"

卡尔见弗里德里希斯叔叔和爸爸都说得很激动,便放弃任何玩得开心的事情,帮妈妈给叔叔送去一杯热茶,也给爸爸送去一杯,然后就静坐在妈妈的腿上,又过去搂着爸爸和叔叔的腿站定,小头来回转着,瞪眼看叔叔和爸爸说话。

弗里德里希斯拿着帽子匆匆出了门,好像立即就要赶到什么地方去似的。

卡尔送来的热茶,他们谁也没有喝一口,茶雾袅袅升腾……

花手绢

卡尔一天比一天懂事了。他爱动脑爱思考,常常提出一些叫大人也感到很难回答的问题。由于他机灵好动、聪明伶俐,加上有着壮实黝黑的身体、炯炯有神的眼睛,真让人喜爱。

卡尔在兄弟姐妹中排行第三,上有一个哥哥和一个姐姐,哥哥幼年夭折后,他就成了家里的长子,深得父母亲尤其是父亲的钟爱。虽然后来父母又添了小的,需要悉心照料比他更小的孩子,可他仍然是双亲的宠儿。父亲常夸他的才华、天赋,并想要他实现自己年轻时的理想:成为大法官、大法学家,或者成为受人们尊敬的、富有理性和博爱精神的大律师。母亲见卡尔孩提时成事顺利,常称他是"幸运儿"。

这么一个大家庭,全靠父亲的律师工作和母亲的勤劳来维持。卡尔在富裕、文明、和谐的生活中度过了童年。

姐姐索菲娅和伙伴送给卡尔一个爱称——"摩尔"。姐姐既爱他又怕他。他因做事执着而常表现出暴躁,这时,姐姐就又爱又恨地嗔怪他一句:"摩尔霸王!"

卡尔不时带伙伴们到紧挨着特里尔城门的小山丘上组织"战斗"。

"冲啊!"随着卡尔一声令下,成群的孩子奋不顾身地冲上山或跳下坡坎。谁稍有怠慢,卡尔都不客气。

"燕妮姐,你怎么不冲过去?"卡尔质问道。

"摩尔,你没看到前面的水沟有荆棘呀!"燕妮红着脸回答。

"怕死鬼!前面是刀山也要上!这是命令!打仗嘛!"卡尔瞪眼红脸地说,"你这么怕死?就怕撕破你的漂亮衣服?还不快跑,再不跑我要推你下去!"

"摩尔——霸王!你又这么凶!"索菲娅看弟弟真要动手推燕妮,连忙跑过来把燕妮拉过去。

"谁是霸王?小狗才当霸王哩!知道吗?这是打仗!命令!战斗!"卡尔不等其"战斗"说完,便纵身从燕妮前面那个障碍冲了过去——

卡尔冲过去了,他带领伙伴胜利有趣地结束了这场"战斗"。

"啊,血!"大伙在欢呼胜利的时候才发现,卡尔的鞋子进了泥水,腿和手几处流着血,手上还扎有棘刺,没来得及拔出来。

索菲娅连忙帮卡尔拔出棘刺,燕妮递过自己的手绢让索菲娅擦去他身上的血。

索菲娅怨自己不该说他"霸王"。

燕妮的两只手系弄着身前的一根短发辫,视线低垂,她怨自己胆小,当初没冲过去,自己毕竟比摩尔大些,说不定不会伤了手脚……

伙伴们都向卡尔投来钦佩的目光。大家都默不作声,山丘上一时静静的。

"大伙还没玩到尽兴。"卡尔想。

"冲啊!"卡尔一把推开索菲娅,蓦地又挥手呼唤起来,带领伙伴们从马可堡飞快地"杀"向特里尔城。

卡尔拔腿离开山丘时,对落在地上的带血的手绢犹豫了一会儿。见大伙都飞快离开,他旋即拾起了手绢。

"战斗"结束了。卡尔用他满是泥水的手将麦粉做成"小包子"。大伙架起两块砖头和一块瓦片,捡来干柴火将"小包子"烤熟。

"吃呀,每人一只,快吃呀!"卡尔吩咐大伙。

伙伴们都看着卡尔用脏手做的"包子",有的不愿意吃。

"吃! 不吃不行!"卡尔一定要大伙吃,大些的孩子像索菲娅和燕妮不肯吃他的,他竟然将"小包子"塞到了她们的嘴里,"非吃了不可! 吃完了我讲故事给你们听,不吃我做的小包子也就别想听我的故事"。

大伙谁都想听卡尔讲故事,知道他总有讲不完的新故事,经常讲得大伙笑得肚皮痛,可他自己却一本正经的。

于是,大家都把卡尔亲手做的"小包子"一股脑吃完了。

燕妮和索菲娅也吃完了。

花园里的笑声

早在卡尔出生的第二年,亨利希就在特里尔最繁华的西梅昂商业大街——著名的罗马黑门附近——买下了更漂亮的房子,全家从布吕肯大街664号迁往这里的1070号住宅。

这里距弗里德里希·威廉中学只有几分钟的路程,亨利希也许是看在离学校近而方便卡尔入学才作出这种决定的。

威廉中学附近的伊加斯街一栋宽敞的房子里(389号)住着一名声名显赫的政府职员,叫约翰·路德维希·冯·威斯特华伦,他原是普鲁士阿尔特马克省萨尔茨维德尔县的县长,后又任这里的州长,1816年普鲁士政府委任他在特里尔担任要职——市政府负责巡视监狱的顾问官。

冯·威斯特华伦这位枢密顾问官,由于职责的原因,和特里尔的首席律师亨利希·马克思联系较多。共同的自由派观点和教养,以及相互间的敬佩,更加深了他们之间的友谊。

大人和孩子们日渐都成了好朋友。他们把相距步行几分钟的路程缩得更短,大人小孩常来常往。

夏天,冯·威斯特华伦家的花园里不时发出一阵阵儿童的溪流般的欢笑声。这时,一个可爱的小姑娘在大声叫嚷:"现在你找我吧,我离你一点儿也不远呀!"

灌木的树枝发出沙沙的响声,一个满头黑色卷发的男孩用他强壮的身躯拨开那鲜花盛开的灌木丛,大笑地纵身走进去。

"我在这儿呢!"

男孩停下来,仔细察听小姑娘的声音是从哪个方向传来的,皱了皱眉头,飞快地向一棵紧靠着花园墙边高大的杜松树跑过去。

燕妮紧紧抱住这个天真勇敢、比自己小 4 岁的男孩。

卡尔往常是姐姐带他到燕妮家来玩的,今天他独自来。燕妮对他能一个人来玩表现出特有的高兴和快活。

燕妮带卡尔在花园里爬葡萄蔓,摘熟透了的葡萄,剥葡萄皮,把水灵透亮的、绿宝石般的葡萄一颗颗直往他嘴里塞。

"吃吧!吃饱了葡萄再回去。"燕妮说得真像大姐姐。

卡尔在外面玩得鲁莽,可往往来到燕妮家里就又显得特别规矩了,不知是因为周围的氛围,还是因为这时的燕妮才是他心目中的大姐姐。

两小无猜,相对盘腿坐在葡萄架下的草地上,你望着我,我望着你。卡尔也剥了颗葡萄往燕妮的嘴里塞。

"燕妮姐,你自己也吃吧!"

"我吃。你塞给我的脏包子,我不是也吃了吗?"

"呵呵……"两人笑得嘴里的葡萄汁喷在了对方的脸上,燕妮把卡尔抱在胸前,下巴亲昵着他油亮的卷发。

花园里又响起一阵溪流般的欢笑声。

"摩尔,前一次我惹你生气了,你怎么还一个人跑来同我玩呢?"

"嗯,那次我凶了你……"卡尔的小手触着了燕妮胸前的一对栗色的小发辫,好柔软的卷发呀,卡尔突然觉得燕妮姐的发辫比许多其他玩具都好玩。

"噢,对了,燕妮姐,我是给你送手绢来的。"卡尔突然记起,松开玩发辫的手从口袋里掏出手绢交给燕妮,"给你。"

白手绢上的血没洗去,成了一朵朵的红花,白手绢成了赭红的花手绢。

"摩尔,你喜欢吗?你喜欢就留着,给你。"

"喜欢。给我?"卡尔笑了笑。

"给你,我给你洗一下。"燕妮说。

"我回去自己洗,或让姐姐洗。"卡尔说着随手又把花手绢揣进了小口袋。

燕妮将那小辫整理一下,引卡尔来到了她的房间里。她有很多玩具,洋娃娃、小人书、积木和活动的玩偶。

"哟,原来是卡尔来了。怎么好久没见你到伯伯家来玩了?"正在聚精会神阅读《荷马史诗》的燕妮的爸爸冯·威斯特华伦连忙放下手里的书,过来抱卡尔,举过头顶,又放下来,又举一下,笑着说,"卡尔长大了,长高了。"

卡尔对着和蔼的伯伯笑得挺开心。

"哎呀,卡尔怎么了?"伯伯把卡尔放下来,指着他笑着的嘴说,"你晚上睡觉不闭合着嘴,让老鼠把露在外面的那颗牙齿盗走了。"

停了笑,卡尔一对棕色的眸子转动着,向燕妮的爸爸仰着脸:"呃,伯伯,你说得不对,牙齿是自己掉落的,不是老鼠盗走的。"

"哈哈哈……"又是一阵欢笑。

但卡尔却不笑了,他又问:"伯伯,你为什么要说是老鼠盗走了,而不是其他东西盗走的呢?"

"因为老鼠嘴馋,你也嘴馋,吃了好东西不漱口,晚上将鱼呀、肉呀留在牙缝里,老鼠要去吃鱼和肉的时候就把牙齿都一块儿盗走了。"伯伯风趣地向卡尔解释道。

"我知道,伯伯又讲故事了,是要我们讲卫生呗,常漱口,晚上睡觉不张开嘴。"

"对了,多聪明的孩子。"顾问官伯伯弯下腰又抓住卡尔的两只胳膊举了一下,然后离开去了书房。

燕妮带卡尔玩玩具。

"老鼠真是个大坏蛋！不劳动,专偷我们的东西吃。"卡尔突然对任何玩具都没了兴趣,他自言自语地说,"我长大了专捕老鼠,弄许多许多的猫去抓,把世上的老鼠都抓光。老鼠消灭了,我们就安宁了,就不担心老鼠偷吃粮食了。"

"不对,假如猫将老鼠全消灭光了,猫吃什么呢？干什么呢？它变懒变馋,不也成了老鼠要去偷家里的东西吃！"

"燕妮姐,你说呢？"

"这怎么办呀？快说呀。"卡尔急着要燕妮回答他。

"我也不知道那会怎么样,怎么办。你去问我爸爸吧。"燕妮说着摇了摇那对小辫,指指爸爸的书房。

卡尔真的就又去问燕妮的爸爸。

"伯伯,有一天,猫将老鼠消灭光了,猫还干什么？吃什么？它不也变懒变馋,整日躺在家里由人养着,或它也变成老鼠去偷吃我们家里的东西吗？"卡尔缠住顾问官伯伯的腿。

"爸爸,你快说呀！告诉他呀！"燕妮也在一旁帮忙。

"……"顾问官只是惊讶地看着卡尔的那对明亮天真的眼睛,一时也不知道怎么去回答孩子。

"要是真的猫危害人,变成了老鼠,我们就把猫当老鼠打,把猫也消灭掉,怎么样？"顾问官也只好这么去"顾问"了。

近处教堂的大钟敲响了,燕妮这才把卡尔送出家门。

"卡尔,明天再来玩,伯伯要带你到城外的山丘上去散步。"燕妮的爸爸老远还在招呼着。

"好哩,明天你还讲莎士比亚的故事。"卡尔老远地回答。

"下次给你讲圣西门的故事——"

不与副校长告别的优等生

1830年秋天,亨利希·马克思把年满12岁的卡尔送入特里尔的威廉中学。这所中学从15年前就开始直属于普鲁士的文教部领导,然而,它在思想上始终未曾屈从于易北河东岸的贵族保守精神。校长约翰·维登巴赫富有自由主义思想,他大胆传播启蒙思想,并且培养学生们的人道主义精神。

这里的教学水平很低,主要是因为一些宗教徒总是力图把学校变成培养传教士的场所。这里的教学十分混乱,学生愿意上什么课就上什么课,愿意什么时候上课就什么时候上课。学校里既没有稳定的教学计划,也没有严格的考试制度。

卡尔进入威廉中学的这一年,法国爆发了"七月革命",这是一场资产阶级革命,给普鲁士莱茵省尤其是特里尔的自由派人士带来了希望之光。

校长约翰·维登巴赫出席一些自由派集会。为了争取德意志统一和民主自由,他与成千上万从德意志各地云集来的青年学生、手工业者和资产阶级人士一道向群众发表演说,朗读讽刺诗,甚至号召人们在争取自由的斗争中要表现出大无畏的牺牲精神。

维登巴赫是自由派"文学俱乐部"的创始人之一,卡尔的父亲、几个教卡尔课的教员也是这个俱乐部的成员。因此,卡尔在威廉中学里遇到的氛围,也是他在家里和父亲的朋友们中间已经习惯了的开朗和自由的气氛。

卡尔进入威廉中学的时候,燕妮在这里快要毕业了。燕妮的家离学校很近,燕妮的弟弟埃德加尔比卡尔小一岁,他们又成为很要好的同班同学。

卡尔去学校时要经过西梅昂商业大街,这是特里尔的主要街道,它从市中心穿过,一直延伸到特里尔广场。卡尔在穿过热闹的广场时,总是注意那里的居民谈天说地,细心倾听他们对时政的议论。

卡尔宁可多走一段路,每次都从燕妮家门口通过,同燕妮和她的弟弟一路去学校,又一路谈论他走在大街、广场上看到的和听到的一些事情。有时卡尔和燕妮的弟弟不免有些争议,但燕妮却常倾向于卡尔这一边。卡尔的独到见解常令她肃然起敬,又不免要对这位小弟弟多看上一眼。就这样,每次的议论直到教室门口才能结束。

卡尔路过燕妮家时,燕妮的父亲总要亲切地招呼卡尔一声,甚至要他进屋吃点什么好吃的东西,或要燕妮带给他在路上吃。

随着卡尔年龄的增长,越见其求知心切、聪明而且很有天赋,顾问官越来越喜爱卡尔,卡尔也像尊敬父亲那样尊敬他。星期天,顾问官一有空,还带卡尔到城郊的小山丘散步。散步中,顾问官用英语和德语背诵整章的荷马史诗《伊利亚特》《奥德赛》和整场的莎士比亚戏剧。下回散步,卡尔会对慈爱的父亲般的顾问官,复述一遍整章的荷马史诗和整场的莎士比亚戏剧。

顾问官还向卡尔介绍了法国空想社会主义者圣西门和他的观点,这些都激起了卡尔浓厚的兴趣。

威廉中学校长维登巴赫这位自由主义思想者治校有方,他在卡尔入学之际加紧整顿学校的秩序,大胆聘请了几位知名的科学家和自由主义人士任骨干教员。

1834年,特里尔发生了"文学俱乐部"事件:一些自由主义者上街游行,宣扬理性和自由。维登巴赫所领导的威廉中学受到了政府当局的搜查,没收了学生手里被禁的诗歌,逮捕了一名中学生,还提出要免去维登巴赫的校长职务。

听说当局要撤销维登巴赫的校长职务,学校反响强烈。卡尔和他要好的同学格拉赫、燕妮的弟弟埃德加尔组织学生抗议。当局见维登巴赫在学校师生中威信如此之高,只好把学校的一个反动教员摩尔斯任命为副校长,由他在政治方面加强对学校的控制,通过他来扼杀和抑制这里师生的斗争精神和自由空气。然而,生活的潮水自然是无法阻挡的……

卡尔读高中的时候,一个叫路德维希·加尔的人又在特里尔出版了一本小册子,书名是《出路何在》。书中揭露了社会的不公,以及享有特权的富人越来越富而劳动人民却越来越穷的现实。

特里尔这座"欧洲十字路口"城市的自由主义思想浪潮,激荡着卡尔青春年少的心河。父亲、燕妮的父亲、威廉中学校长维登巴赫等人对卡尔的直接影响,使他开始意识到了自己应该做一个什么样的人。他崇尚自由、追求真理、寻求光明的人生,他要坚定勇敢地去斗争!

卡尔寻求自由、理想的热血已开始激荡不已,但因为正处于长知识、长智慧的中学生时代,卡尔的主要精力还得放在功课的学习上,被抑制的热望在他的一篇篇作文里显现出来。

什么是幸福?自由与幸福有什么关系?这是青年卡尔非常关心的问题。

《奥古斯都的元首政治应不应当算作罗马历史上最幸福的时代?》是卡尔的一篇中学拉丁文毕业作文。卡尔在这篇作文中把奥古斯都和他的前一个时期作了详尽的比较。卡尔认为,前一个时期的早期是文化水平较低的时代,其特点是风俗淳朴和勇武好战;到了晚期,国家便由于道德的堕落和暴政的出现而一蹶不振。

在奥古斯都统治时期,尽管国家权力集中于元首一人,法律和制度也随着元首的命令而改变,但当时的人们,不仅在民政和军事方面表现出崇高的美德,而且还创造出了灿烂的文化。因此,它是古代罗马最重要、最幸福的时代,卡尔写道:

> 我们认为奥古斯都所确立的国家是最符合他那个时代的国家。这是因为,如果百姓都柔顺亲密,讲究文明风尚,而国家的疆土日益扩大了,那么统治者倒会比自由的共和政体更好地保障人民的自由。

卡尔在《青年选择职业时的考虑》这篇毕业论文里,讨论了个人完善和崇高的途径问题,并且已经意识到"社会上的关系"对于人类生活的重要性,更可看出其思想的闪光点。

卡尔认为,人比其他动物优越的地方,是人类能够选择适合于他自身完善及其发展的目标和行为。他说,人与完全依赖自然条件的动物不同,人总是力图借助于自由活动来驾驭某些条件。卡尔关于"自由活动"的思想观念,主要表述在职业选择的问题上。对职业进行一定条件下的自由选择,卡尔认为这不仅是必要的,而且是可能的,因为每个人都有一定的思想、信念和目标,这种思想、信念等能够超出一定的范围,进而考虑其他事物的存在。人类还能够在一定时期内对某种信念作出冷静的分析,从而选择一种既符合世界需要,又符合自身发展的目标。

同时卡尔又认为,任何个人的自由活动、求知欲望和生活热情,都要受到一定的限制,这种限制就在于任何个人都处在一定的自然和社会关系之中。譬如,个人首先要考虑自身的实际条件,包括身体素质和能力等,只有选择同自身相适应的自由活动,才能获得自身的发展和完善。更重要的是,我们还必须考虑他人和社会的进步。只有那些为着共同目标奋斗的人,那些为大多数人幸福而劳动的人,才是最伟大、最杰出的人物。卡尔在他的宗教论文中,也意识到他人是客观存在的,我们的心要向着自己的同类和弟兄。

17岁的卡尔已经意识到,个人和社会是可以一致起来的,而且必须一致起来。他说,人们只有为同时代的人完善、为他们的幸福而工作,才能使自己也达到完善。他还说,古罗马的奥古斯都是应当受到尊敬的,这是因为,同以前的时代相比较,奥古斯都促进了社会的安定和进步,包括文化的繁荣。因此,历史将永远怀念这样的人。

中学毕业在即,全班同学几乎都在谈论选择未来职业的问题。有的想当官,有的要经商,有的愿做医生,有的甘心献身宗教,有的则以投笔从戎为理想。但卡尔却坦率地表达了自己选择职业的看法:无论什么职业,任何时候都不能使其思想脱离具体行动,同时,任何时候都不能使其具体行动缺乏理智和思想。

卡尔把对职业选择的看法,一直当成自己生活的基本准则,并准备把自己献给崇高的事业。他说:"历史承认那些为共同目标劳动而使自己变得高尚的人是伟大的人物;经常赞美那些为大多数人带来幸福的人是最幸福的人;宗教本身也教诲我们,人人敬仰的理想人物,就曾为人类牺牲了自己。"

17岁的卡尔在题为《青年选择职业时的考虑》的毕业论文中是这样用他潇洒而又浓重的笔墨结尾的:

　　　　如果我们选择了最能为人类服务的职业,我们就不会为任何沉重的负担所压倒,因为这是为全人类作出的牺牲;

那时我们得到的将不是可怜的、有限的和自私自利的欢乐。我们的幸福将属于亿万人,我们的事业虽然并不显赫一时,但将永远发挥作用,当我们离开人世之后,高尚的人们将在我们的骨灰上洒下热泪。

年轻的卡尔在中学时期就留下了如此铿锵的言辞,表现出他的思想才华和崇高志向。这个志向虽然还不是具体的,但却是真挚的、淳朴的声音;虽然还不能说明人类生活的发展和变化,但却是一种富有生命力的追求和思索;虽然还没有高深的哲理,但却摆脱了个人天地而升华到了一个新的境界。正如他在一首诗歌中所说的:

> 假如有这么一股
> 汹涌澎湃的波涛,
> 向前奔,不绝滔滔,
> 奔向那险滩隘道。
> 向着我和我的渴望猛扑过来,
> 想把我摧垮、压倒,
> 后退——这事儿我才不干,
> 这字眼——我连看都不看。
> 为了达到目的,
> 我愿和风浪搏斗,
> 甚至烈火的威风,
> 也会被我制伏。
> 即使和我一起战斗的人,
> 一个个全都牺牲;
> 即使他们全都意志消沉,
> 对付任何力量我还是能够胜任!

1835年9月,17岁的卡尔在这种为争取自由而斗争的潮水中毕业了。他获得了校长、师生、家长都满意的优秀的学习成绩。校长维登巴赫给卡尔的评语是:

> 思维丰富,文学结构严谨,然而有追求与众不同的形象用语的倾向。

学校考试委员会在他的"中学毕业证书"的鉴定上最后写道:

> 本委员会衷心希望卡尔将由于得天独厚而获得应有的美好前程。

按照当时的习俗,中学毕业的时候学生都要向校长和各位老师告别。副校长摩尔斯又是卡尔的希腊文和拉丁文任课老师,毕业时,卡尔拿到毕业证后,唯独不去和他告别。全校不去与他告别的只有两个学生,摩尔斯对卡尔这位希腊文和拉丁文功底十分出色的学生不去和他告别,深感惋惜、怅然……

一个成绩优秀、爱憎分明、性格正像他那刚健的黝黑肌肤的中学生,带着他的高中毕业证书,兴致高昂地奔向新的征程!

浪漫的青年作家

摩塞尔河的汽笛声早早地催醒了特里尔城的两户人家。

1835年10月中旬的一天清晨,卡尔·马克思的父母、姐姐还有燕妮,带着行李,从西梅昂商业大街来到码头,待一艘大帆船靠岸,父亲陪卡尔登上了"特快帆艇"的甲板。

卡尔和父亲乘大帆艇沿摩塞尔河转莱茵河的轮船,顺流而下,10月17日到达波恩。

这时的波恩城沉浸在夕阳的余晖里,莱茵河畔的这座城市显得更加美丽可爱。波恩不比特里尔大多少,这座城市的政治、思想生活受这所大学的700多名学生的支配。正是波恩大学使得波恩成为普鲁士莱茵省精神生活的中心。

(从这里开始,在不致混淆的情况下,我们称"卡尔·马克思"为"马克思",因为这个叫法更为广大读者所熟知。)

马克思很快租了房子,又在学校顺利办完注册手续。他遵从父亲的愿望读了法律系。

马克思第一次远离故乡,远离亲人,开始独立生活。起初他不免有些留恋故乡和亲人,但他很快又着意通过用功的学习和频繁的社会活动来弥补这种情感上的空虚,沉浸在大学沸腾的生活中。

求知心切的马克思,一开始就选修了9门功课,他对诗歌和文学也很感兴趣,常去听文学课,还去听浪漫主义理论家冯·施勒格尔开设的哲学及其他课程。他刚进校就表现出了渴望了解一切的急切心情,注册的当天他就加入了波恩大学的特里尔同乡会。同乡会为避免当局的监视一般称作"啤酒俱乐部",这是一个以文学宗旨掩盖政治活动的组织。

到校后的最初三个星期马克思没有给家里写信,后来的三个月内也只写了两封信,并且写得很仓促。父亲来信责怪了:

> 我的确对你说过,要你在对周围环境有了点了解之后再写信来。可是,既然事情已经延误下来,你就不该那样机械地理解我的这些话了,何况,慈祥的妈妈为你感到多么不安和担心……

马克思对于专业知识的学习,一直勤奋用功,由于用功过

度,他在波恩大学病倒过,因此,父母亲特别关心他的健康:

> 在这个悲惨的世界上,身体是智慧的永恒伴侣,整个机器的良好状况取决于它。一个体弱多病的学者是世界上最不幸的人。因此,望你用功不要超出你的健康所能容许的限度。此外,每天还要运动运动,生活要有节奏,我希望,每次拥抱你的时候都会看到你是一个身心越来越健康的人。

后来由于频繁的社会活动和自己的身体情况,马克思也不得不减少一些选修课程。

第二学期初,马克思被波恩大学的特里尔人推为同乡会会长。这使他更加痛快地投入波恩大学丰富多彩、浪漫惬意的生活中。

“学生会”多由贵族子弟组成,那些出身于地主的子弟,在普鲁士政府的庇护下经常惹是生非,为所欲为,马克思对这些人不甘屈服。有一次,一个属于“波路希亚学生会”的成员竟然动用刀剑欺侮特里尔的一个市民学生,马克思一头扑过去,护着同学,用拳头同对方展开搏斗。当他彻底制服了那个贵族学生时,才发觉自己的右眼一侧被对方的刀刺伤。

来自摩塞尔河畔葡萄酒故乡的学生都不愿戒酒,马克思也不例外。一次他因夜里醉酒大肆喧闹被学校当局罚一天禁闭。友好的同学们都去探望他,结果他又同大家在禁闭室里开怀畅饮起来。

浪漫的校园生活激发着马克思的文学创作欲望,他后来又加入了一个叫哥廷根的诗人团体,积极参加一些政治和文学创作竞赛活动。

那次同贵族学生决斗后,马克思写了一篇名为《人的自豪》的诗歌,表现出一种宽阔的胸怀和摧毁旧世界的勇士精神:

面对着整个奸诈的世界，
我会毫不留情地把战挑，
让世界这庞然大物塌倒，
它自身扑灭了这火苗。
那时我就会像上帝一样，
在这宇宙的废墟上漫步，
我的每一句话都是行动，
我是尘世生活的造物主。

他在另一首名叫《海上船夫歌》的诗里，把自己比作一个驾驭着汹涌波涛的水手：

我在与风浪搏斗中锻炼成长，
并不指望上帝来给我帮忙，
我扬起船帆信心满怀，
仰赖可靠的星辰引航。
在漫长的决死战斗里，
我浑身是喜悦的活力，
我充满了粗犷的热情，
我唱出了豪迈的歌声。

马克思通过对社会的观察和了解，已开始认识到"旧制度是无法医治的"。在创作的幻想戏剧《奥兰尼姆》中，他形象地指出，旧制度就是一条缠在人们身上的毒蛇，绝不能对它表示温存，怀有幻想，而必须对它进行斗争，把它扼死。他通过主人翁奥兰尼姆之口愤怒地高呼：

世界将在漫长的诅咒下崩溃，
我们双臂拥抱住这严酷的现实，

它就在拥抱着我时死去，
并永远沉没于虚无之中。
完全消失而不复存在——
大概这就是生活！
……
世界看出这一切，它翻滚下去，
为自己唱着葬歌，
而我们这些冷酷的上帝的猿猴，
还在用充满激情的、火热的胸膛，
来温暖着毒蛇，让它长大成形，
低下头来把我们咬上一口！

浪漫的生活产生浪漫的作品。马克思还创作了幽默小说《蝎子和弗里克斯》等，并通过文学创作充实自己，弥补自己对亲人的爱恋之情。在波恩大学的两个学期里，他竟然创作了一本献给父亲55岁寿辰的诗集，还创作了献给青梅竹马的女友——燕妮的《诗歌集》《爱情集之一》和《爱情集之二》。

马克思的诗作很有特色，在抨击现实时，激情喷涌；而在写给亲人时则情意融融。他在一封信中就自己试作的抒情诗这样回答父亲：

对我当时的心情来说，抒情诗必然成为首要的题材，至少也是最愉快、最合意的题材。然而，它是纯理想主义的：其原因在于我的情况和我从前的整个发展。

后来马克思在给父亲的信中，常谈到自己需要钱的许多事情。父亲也只好不断地为他的浪漫生活偿还债务，有次去信说：

亲爱的卡尔，你的账目完全符合你的特点，既无层次，又无结果。如果它写得较为简短、紧凑些,分栏抄写好,看起来就省事多了。一个受过教育的人,尤其是一个实用法学的人,首先应该要求他有条理。我没有什么不同的意见,但是我觉得,目前购买大量的书籍还为时过早,不必要,尤其是历史方面的书。

父亲还在信中劝诫他:

> 如果不急于发表你的诗歌,那就好了。诗人、文学家为了有权公开发表自己的意见,在我们这个时代应该感到自己负有使命创作确有价值的东西。

爱情的魔力

波恩的第一个学年飞快地过去了。

1836年,马克思回到了特里尔度假。

留在故乡的许多情思又来到身边,往日的美好故事就像发生在昨日。不再像在波恩大学思乡思亲时要给父母亲写信,要掏出那块随身带的"花手绢"看一看、闻一闻……

马克思同父母、兄弟、姐妹痛痛快快地欢聚一场,各自都诉说着信中说不清、说不完的话。

"琳蘅,伯伯在家吗?"马克思来到了燕妮家问女佣。

"谁?呀,是马克思,转眼成了英俊的男子汉了。放假了吧?"顾问官从书房里出来,好生高兴。

琳蘅见马克思来了,却欢快地转身进入花园。

"放假了，来看伯伯。"马克思又风趣地说，"邀伯伯散步，同伯伯谈猫捉老鼠。"

"哈哈，马克思还真不错。如今是大学生了还没有忘记伯伯。"顾问官拍着马克思的肩膀说。马克思比他还略高了些。

"今生没齿难忘呀！"马克思豪爽真诚地笑了。

"真的吗？"燕妮说，她同琳蘅手牵手匆匆地从花园进来。

"不忘！"马克思又幽默地说，"当年被老鼠叼走的那几颗牙齿也长出来了。"

"哈哈哈……"屋子里的人都笑了起来。

燕妮的父母要琳蘅倒咖啡、倒葡萄酒。

"呃，还不如到葡萄架下去吃鲜葡萄。"燕妮对琳蘅小声说一句。又像童年时的那样，燕妮生怕马克思离开一步，把他引进了花园。

燕妮成了特里尔公认的最漂亮的姑娘。丹凤眼，柳叶眉，棕白分明的眸子，微微上挑的薄嘴唇，挺秀的鼻梁，清晰笔直的人中，高前额，富丽的双耳，人字拉开前额棕色亮丽的发帘，头顶高高地盘上发髻，两圈金光照人的项链，优雅得体的长挂裙……这一切，真像是一尊宫廷美神塑像。

马克思一头卷发上翻着波浪，嘴唇和两颊有一层毛茸茸的胡须，看起来比十七八岁的小伙子要老成些，身着校服的马克思还真有几分学者的风度。漂亮的燕妮和英俊的马克思不再像童年时显出年龄差来，看上去倒像是一对年龄相当的恋人。

第一学期的假期里，马克思也由燕妮、琳蘅陪着在花园里听鹧鸪啼鸣，听夜莺歌唱，但谁也不愿先说出自己心中要说的话。

马克思没有财产，又不是显贵，还是一个没有固定职业的大学在校生，尚不明将来的前程如何……这一切，燕妮清楚，不能与其他任何到家里来的男人相比，可孩提时马克思身上的一种无形的美的东西钳制着她,似乎自己只有同马克思在一起今生今世才会幸福,就是将来吃苦受难也是一种从他人那里寻找不到的幸福。

他们久久地将视线交织融会在一起,心里翻滚着……每天就这么呆呆相视地坐着,即便不吃不喝,也是一种最大的满足。

暑假的又一天,也是在这个花园里,那却是夜莺歌唱的时候,马克思拉着与童年时代很不一样的燕妮姐的手,紧紧地握着,柔和而低声地对她说:"我们相爱吧!秘密地相爱!"

燕妮拉着马克思的手放到了自己的唇边,以示回答。

这年暑假,马克思和燕妮私订了婚约。可是,这对情侣当时仅将他们的决定告诉了马克思的父亲,因为他们难以相信会得到其他亲属的理解和同意。

父亲对孩子在波恩大学的浪漫生活和过大的开销很担忧,这么年轻,刚开始接受高等教育就决定把自己的命运同一个达官贵人家的女儿连在一起,真让他伤透了脑筋。但是,对孩子的婚姻,他又不能不表示同意,因为他清楚,马克思的决定是不易动摇的。

暑假后,马克思不得不遵从父亲的安排从波恩转学去了普鲁士的首都大学——柏林大学继续读书。

爱情取得的初步成功使马克思感到十分喜悦,可他对这种成功的可靠性还缺乏必胜的信心。他就是带着这种复杂的心情离开了特里尔,又离开了波恩,远远地离开了心爱的未婚妻。

这次去柏林,不像一年前去波恩那样高兴,那次是一位中学生怀着去征服整个世界的热情,兴高采烈地离开的。

马克思坐在普通的邮车里,经过7天的旅程,神情忧伤,闷闷不乐。留下未婚妻在特里尔,她会受到各方面的困扰;柏林那么遥远,一别又将是数年。马克思才18岁,生活中还没有遇到过任何波折,母亲说他是"幸运儿",万事如意,这不就遇上了不顺心的事了吗？他第一次尝到了这种滋味。

马克思心头有一对矛盾：一方面是要读书学习，要取得好成绩；另一方面是不愿和心爱的人分离。他暗暗发誓：要调集自己的所有能耐，一切服从自己的意志。

1836年10月，马克思到达柏林。他下定决心要埋头于科学和艺术的学习，于是在离柏林大学很近的特尔街61号，租了一间简陋的房子，选修了法学和人类学。

马克思刚到柏林时，便萌发了闭门读书的念头。他不想去进一步了解这座阴沉的普鲁士都城，对那灰色的天空、平庸的市民、小商人、小手工业者和众多的官吏都不感兴趣，给这个沉闷的城市定调子的是王室、军官和驻扎在15个兵营里的3万名士兵。它和盛产葡萄的莱茵省的那些欢快、温厚而又爱好自由的城市形成了鲜明的对比。

马克思还不知道另一个柏林，即艺术、思想、剧院、俱乐部和文学沙龙的柏林。在头一个学期里，他只熟悉了这座规模宏大、吸引着德国最出名的教授和几千名勤奋的大学生的高等学府的一部分。柏林大学的创始人——哲学家和自由派威廉·冯·洪堡当初的设想，就是要把这所大学办成既开发大学生的智慧又能促使大学生个性自由发展的大舞台。

马克思在这里除了学三门正规课程以外，还阅读学者的专著、做笔记、写诗，注意加强自己多方面的修养。为了更好地理解自己、清理自己的思想，他常做深入的自我解剖，一边写一边思索。

这个方法的运用，能够充分调动马克思的能耐，形成非凡的工作能力，使他能够一下子干好几件事。他能同时阅读和分析许多著作，做摘记，把脑子里随时出现的思想和计划记下来，并且还给燕妮写诗。

这年年底，燕妮收到了马克思的三本诗集，上面的题词是："献给我亲爱的和永远热爱的燕妮·冯·威斯特华伦"。

> 燕妮，笑吧！你定会觉得惊奇：
> 为何我的诗篇只有一个标题，
> 全部都叫作《致燕妮》?
> 须知世界上唯独你
> 才是我灵感的源泉，
> 希望之光、慰藉之神。
> 这光辉照彻了我的心灵，
> 透过名字就看见你本人。

如同马克思一样，燕妮也对自己的恋人无限思念，她含着泪水读完一封封"情书"，或干脆掩面哭一场。她在信中激动地写道：

> 亲爱的卡尔，如果你现在能和我在一起，如果我能偎依在你胸前，和你一起眺望那令人心旷神怡的亲切的谷地、美丽的牧场、森林密布的山岭，该有多好啊！可是，啊，你是那么遥远、那么不可企及，我的目光徒然把你寻觅，我的双手徒然向你张开，我以最柔情蜜意的话语徒然把你呼唤。我只得在你的爱情的无声信物上印上热烈的吻，把它们代替你紧贴在心房，用我的泪水浇灌它们。
>
> 你的形象在我面前是多么光辉灿烂，多么威武堂堂啊！我从内心多么渴望着，你能常在我的身旁。我的心啊，是何等喜悦和欢快地为你跳动，我的心啊，是何等焦虑和不安地在你走过的道路上盼望着、期待着。
>
> 我越是沉湎于幸福，那么，一旦你那火热的爱情消失了，你变得冷漠而矜持时，我的命运就会越可怕。卡尔，你要看到，由于担心保持不住你的爱情，我失去了一切欢乐。

马克思这位刚强的男子汉流下了眼泪，他把泪水流在稿纸上，又匆匆写上：

> 燕妮！我可以大胆肯定，
> 我们相爱着，心换了心，
> 炽热的心啊在一块儿跳动，
> 它们的浪潮奔腾汹涌。
> 因此，我轻蔑地把手套
> 掷向世界的宽大脸庞，
> 渺小的巨人呻吟着轰然跌倒，
> 但我的火焰不会被它的残骸灭掉。
> 我要像神那样胜利地，
> 巡视废墟的国土，
> 我的每句话都是火焰和行动，
> 我的心胸有如造物主的怀抱。
> 我再也不能安静地研习，
> 那有力地吸引着我的东西，
> 我再也不能得到恬适和安静，
> 我的生活将不停地沸腾。

马克思把爱情都倾倒到学习上去了。时钟已经敲响了两点，夜间死一般寂静，只有那古老的调节时间的钟摆滴答滴答地响着。马克思小心地伸了伸怕戛然折断的腰肢，当看到手指上燕妮送的刻着"心上的燕妮姐"的戒指，不由自主地摸摸口袋里的"花手绢"……忽然记起有两天没有给燕妮写信了，她一定在远方非常地想念……

马克思从箱子里拿出一大张崭新、精致的信纸给燕妮写信。

就寝时已是清晨4点钟了。马克思觉得疲乏，眼睛发花，额头发热。

第二天,马克思高烧40℃,不能到大学去听课,在床上躺了几个星期,慢慢才从精力耗竭的状态中恢复元气。

马克思又一次思忖着作出决定:为了集中精力扑到已爱上的希腊哲学史的研习中去,不再给燕妮写诗,换用一种省时又珍重的新方式。一天,马克思很快给燕妮编选成一部民歌选集。精装八开本,亲手设计。黄绸的封面上带有红色的玫瑰花,这象征着他对燕妮的爱情像红色的玫瑰那样光辉闪烁、热烈温馨。他在反复寻找之后,才在菩提树大街找到了一家装订社。

当马克思翻阅诗册的时候,也不由得惊异:诗册里竟然没有他自己写的一首诗歌。他喃喃自语道:"这些诗歌比我的好些,如果别人的诗句是绝妙好词的话,为什么还要用我自己的诗去表达我的爱情呢!"

马克思的指头抚摸着黄色的绸绢,燕妮的形象就浮现在他的眼前,近年来她长得更美丽了。他又想到上学期末的假期中和她的一次谈话,想到同燕妮的母亲发生的争执。

马克思低声说道:"不会的,我们不会分开的。"

马克思细心地把书包好,并附了一封信,写了许多心里话,然后匆匆跑到邮局寄出,一路上,他都哼着欢乐的歌曲。

研习功课时还要研究爱情的矛盾,这使马克思心烦意乱,过度兴奋和狂热进行精神探索的时期,是他在常人很难发展进步的非常时期,因为这个时期使他对世界有了新的看法,使他达到了远远超出他年龄的成熟程度。

1837年11月10日,马克思在给父亲的信中是这样汇报和安慰父亲的:

> 生活中有着这样的时刻,它给已经消逝的时光立下一块界碑,但同时又明确地指明生活的新的方向。

在这种继往开来的时刻,我们感到不得不用思想的锐眼来观察过去和现在,以求达到认识我们现实的境地。世界历史本来也确实喜爱作这样的回顾,把目光投向过去,这常常赋予它一种倒退和停滞的假象,而实际上它只不过坐在靠椅上,为了理解自己,从精神上洞察自己的精神的活动。

　　所以,当我在这里度过的一年行将结束,回顾一下其间所经历的各种情况,以便回答你,我亲爱的父亲,从埃姆斯寄来的那封极其亲切的信的时候,请允许我像考察整个生活那样来观察我的情况,也就是把它作为在科学、艺术、个人生活全面地展示出来的精神活动的表现来观察。

　　当我离开了你们的时候,在我面前展开了一个新的世界,一个爱情的世界,而且起初是极其热烈的、没有希望的爱的世界,甚至到柏林去旅行我也是淡漠的,要是在别的时候,那会使我异常高兴,会激发我去观察自然,还会燃起我对生活的渴望。这次旅行甚至使我十分难受,因为我看到的岩石并不比我的感情更倔强、更骄傲,广大的城市并不能比我的血液更有生气,旅馆的饮食并不比我所抱的一连串的幻想更丰富、更经得起消化,最后,艺术也不如燕妮那样美。

　　到了柏林以后,我断绝了从前的一切交往,有时去看人也是勉强的,只想专心致志于科学和艺术……

　　但是写诗可以而且应该仅仅是附带的事情,因为我应该研究法学,而且首先渴望专攻哲学。另一方面,我试图使某种哲学体系贯穿整个法的领域。我在前面叙述了若干形而上学的原理作为导言,并且把这部倒霉的作品写到了公法部分,约有 300 印张……

　　在做这种种事情的时候,我在第一学期熬过了许多不眠之夜,经历了许多斗争,体验了许多内心的和外在的激励。但是这一切都没有使我大大充实起来,不仅如此,我还忽视了自然、艺术、整个世界,和朋友们也疏远了。这似乎连我的身体也有反应了。

　　一位医生劝我到乡下去,于是我第一次穿过整个城市,来到通向施特劳拉的城门前。

在生活和学习中,马克思遇到了许多疑难和烦恼。他渴望对生活和知识进行深入了解,从而抓住事物的发展和生活的本质。马克思力图对现实和理论的矛盾、对法学的历史有一个深刻的认识。他不满足于了解和认识一般肤浅的现象,越发激起他对研究哲学的强烈兴趣。

马克思的这一兴趣和行动让父亲大为吃惊。父亲这时已是疾病缠身,收入减少。父亲担心儿子的政治倾向会危及他以后的职业前途和家庭生计,从而也妨碍和燕妮的迅速结合。父亲回信批评马克思,反对他放弃法律专业而专攻哲学。

燕妮抛开婚姻大事的顾虑,违反双亲和公婆的旨意,坚定地站在未婚夫的一边。马克思在给父母的信中转达燕妮的态度时说:“正如我唯一心爱的燕妮所写的那样,这些顾虑在履行神圣职责中会全部消失。”

马克思对哲学研究的浓厚兴趣得到了未婚妻的理解和支持,未婚妻还表明她要阅读黑格尔的著作,希望能熟悉未婚夫所要钻研的那些东西,按他的兴趣来生活。

燕妮一封又一封的信使马克思兴奋得彻夜不眠,他如痴如醉地钻进了哲学的魔宫……

"作品不能采用"的烦躁

马克思在选定专攻哲学之前,为了迎合父亲的意愿,又适合自己的口味,苦苦地作了一段漫长的"旅行"。

马克思在中学作文中就把个人与社会紧密地结合起来,在大学学法学时又试图把理想与现实结合起来,并置于科学的基础上。他在学习法学和哲学中,将法学和哲学在"现有"和"应有"的对立中统一起来,把法学同哲学结合起来,写出了300多页的"法哲学"著作,力图创造新逻辑体系。

这次哲学尝试的失败,使他感到苦恼,300多页的作品被他丢进了废纸篓。

茫然之中,马克思一时又对戏剧和文学萌发了强烈的欲望。他打算去柏林在朋友的协助下办一本美学批评杂志,但书商拒绝了他。他又想将自己的诗歌收入夏米索主编的《诗歌年鉴》中,但收到的却也是"作品不能采用"的复信。

"燕妮来了信,未婚妻来了信,一封,又一封……她支持我专攻哲学,她说要按我的爱好和兴趣去生活……"

马克思高兴地跳起来,这时才真正抛开父亲要自己成为大法学家的愿望,钻进了哲学的魔宫。

于是,中学的第一篇论文所提出的问题总是又像走马灯一样在他的脑海中萦绕着:

为什么世界上人类的生活不好?

为什么许多人贫困和痛苦?

为什么人要做那些和自己不相干的事?

为什么人们不为自己做工？而替他人打工？

……

马克思把自己关进了距柏林大学很近的米特尔街 61 号的一间简陋的房子里，日日夜夜地埋头读书，想无论如何都要向整个社会回答出他一直放心不下的问题。

房东很满意马克思这样的住客。这个年轻人，生活上从不打扰他们一家。来柏林后，马克思不再聚客酗酒，也不像其他一些大学生一样常常深夜才回家。房东喜欢常来看看他，和他谈笑，有意调节他沉闷的学习气氛。

有一次，房东走到马克思的房门前，正勾着指头想敲门，但他的眉毛忽然竖起来，睁圆疑虑的眼睛，侧着头，用心地听。

房间里传出奇怪的声音，像是在敲墙壁，打地板，又像是在怒骂什么似的。

房东向前伸着头、弯着腰，从锁洞里看进去——

只见马克思的脸色也变了，从桌上抓着一些书向四下里抛，书被掷到地下，像扇子一般，一页一页地打开了……

房东刚想抽转身来，门忽然"哗啦"一声打开，房东的额上碰出了一个大包。

马克思怒气冲冲地跑出来，口里一边骂着，一边走到院子里去。

房东揉着头蹲了一会儿，然后站起身来，马上向街头跑去。

过了些时候，房东带着一个医生回来。他们商量了几句，两人才走进院子。

马克思用两手捧着头，坐在苹果树下，身子左右地摇。

医生小心地走过去，坐到马克思的旁边。

房东极力屏住自己的呼吸，靠着苹果树站着。

"今天的天气真好!"医生温和地说。

马克思用乌亮的眼睛看了看医生,又转过来看房主那个胆小可怜的样子,微微地笑了笑。这一笑,使他那沉重的黑脸更加骇人。

马克思黯然地说:"你以为我是疯了——可不是!怪我的头脑太清醒,能看清我读过的书里所有一切的糊涂、瞎说。"

马克思又气愤地说:"不合我们理智的书都是废书。遗憾的是这样的废书太多了,简直无法忍受!"

马克思突然拉着医生的手,目不转睛地望着他,很兴奋地问道:"当你周围尽是贫困和苦恼的时候,你能很安然地生活吗?"

不等医生回答,马克思就从长凳上站起来,散乱着头发,滔滔不绝地说开了。

马克思述说他一人在那堆满了书籍和他自己的记录抄本的房间里,夜里睡不着觉,还说他怎样要在这些书里寻找他的问题的答案,但是找不到,和他以后怎样愤怒怨恨这些书籍等等。

医生点头表示同意,趁着马克思说话间歇插上一句,提议他回房里去。医生用心诊察了他的身体,板着很严肃的面孔,说道:"呵,你过分地损害了你的健康,要知道,你一定要首先保证治疗你自己的身体,然后才能援救你要援救的人。"

医生给马克思开了一些必要的药,同时嘱咐他要绝对严格地安静休养一段时期。他听从医生的吩咐、劝告,暂时搬到了柏林附近一个清静的渔村里。离开他那"隐士的小房间",搬到了施特劳拉住下。

风景如画的小渔村位于施普雷河的右岸,亨利希·海涅说,这条河能"涤荡灵魂,冲淡茶水"。

在这里,马克思渐渐将他的思想整理出头绪来,发觉自己不应该那样空空地气愤,首先一定要将哲学研究好,然后来摸索生活中一切不合理的原因,再想办法去消灭它们就比较容易了。凭几个月的工夫,这是做不到的事。

马克思有时同渔民打鱼,有时同村民上山打野猪,待身体好了些,才回到柏林大学。

乐找长辈做文友

在乡村的环境里恢复体力和精力期间,马克思却开始静心"从头到尾读黑格尔的著作,也读了黑格尔大部分弟子的著作"。

马克思读过黑格尔著作的片段,但黑格尔的晦涩难懂、离奇古怪的表达形式使他不太感兴趣,他比较喜爱康德和费希特的著作。

可通过一段时间的研究,马克思意识到康德和费希特并不能帮助他解决理论探索中的难题,不能回答现实生活中的矛盾。

小渔村里,一家农户的窗口,灯光彻夜长明。马克思挑灯夜读,再次钻进黑格尔那晦涩难懂的表达形式之中,寻找哲学的瑰宝。

于是,兴奋之余,马克思的题为《黑格尔》的短诗又出现在了他的诗笺上:

> 发现了最崇高的智谋,
> 领会它深邃的奥秘,
> 我就像神那样了不起,
> 像神那样披上晦暗的外衣,

我长长地探索着，

漫游在汹涌的思想海洋里，

在那儿我找到了表达的语言,就紧抓到底。

……

康德和费希特在太空飞翔，

对未知世界在黑暗中探索，

而我只求深入全面地领悟，

在地面遇到的日常事物。

马克思终于从黑格尔的著作中找到了辩证法的奥秘,思想豁然开朗。黑格尔的辩证法认为,一切都互相联系,一切都处在不断地运动、变化和发展过程中,都是由低级向高级发展,世界上没有永恒不变、万古长存的东西,旧事物必然被新事物代替,事物发展的原因是内在的矛盾。

马克思被黑格尔辩证法深深地吸引住了。他开始发现他原先的观点和方法不对。他说:

开头我搞的是我慨然称为法的形而上学的东西,也就是脱离了任何实际的法和法的任何实际形式的原则、思维、意义,这一切都是按费希特的那一套,只不过我的东西比他的更现代化、内容更空洞而已。……在生动的思想世界的具体表现方面,例如,在法、国家、自然界、全部哲学方面,情况就完全不同:在这里,我们必须从对象的发展上细心研究对象本身,绝不应任意分割它们;事物本身的理性在这里应当作为一种自身矛盾展开,并且在自身求得自己的统一。

一天,马克思遇到了士官学校的地理教员鲁滕堡,他也来到了小渔村散步。他们谈起黑格尔哲学来非常投机，鲁滕堡对这个才19岁的人肃然起敬。他向马克思介绍了首都的一个自由派知识分子聚会中心——"博士俱乐部"，并推荐马克思加入了这个柏林精神生活的活动圈子。

马克思在小渔村养病整整度过了一个夏天，回柏林大学后就很快走进了"博士俱乐部"的生活。

在"博士俱乐部"里，马克思是最年轻的一个，大多数人的年龄比他大10多岁。活动中常常可以遇到有才华的教授、讲师、新闻工作者、作家、律师、戏剧表演家和戏剧批评家、文学批评家，几乎所有这些人都是黑格尔的学生和崇拜者。

俱乐部成员定期在施特黑利咖啡馆聚会，咖啡馆在耶戈尔大厅和夏洛丹大街的交叉路口上，正对着一座剧院，从大学来只需步行5分钟，因此，大学生、教师、评论家到这里聚会特别方便，在这里还可以读到其他咖啡馆没有的报纸和政治书刊。

这里的四壁总是被糊成红色的。"红厅"是他们聚会的中心场所，也是自由派知识分子们进行政治问题、社会问题激烈辩论的主要讲坛。

"红厅"自然成了马克思最活跃的地方。开始，前来聚会的人，对年轻的他投以轻蔑的眼光，认为他是谈不出什么见解的。

马克思每次在发言之前都要站起身，在室内踱几步，沉思地把他的食指按在唇边，然后就激昂陈词：

> 只要还有一滴血在哲学的、征服世界的、绝对自由的心脏中跳动着，哲学就永远会像伊壁鸠鲁那样向着它的反对者喝道："那摒弃庸众听信的神灵的人，不是不敬神灵的人；那附和庸众关于神灵的意见的人，才是不敬神灵的人。"

这时，连"博士俱乐部"的主要领导人、柏林大学的神学讲师布鲁诺·鲍威尔也向这个年轻的小弟弟报以热烈的掌声,立科中学的历史教员卡尔·科本感叹地说:"这才是从自己心中说出来的。"

往往在这使马克思最激动的夜晚里,他又会提笔立即给父亲和燕妮写信,告诉他们他在"博士俱乐部"的事情和目的。"这里在争论中公开了很多对立的意见,并且我总是紧紧地盯住现代世界哲学。"

当时的黑格尔学派已分成了左、右派。右派称为老年黑格尔派,他们用基督正统思想来解释黑格尔哲学;左派称为青年黑格尔派,他们坚持黑格尔的辩证法,从黑格尔哲学中作出无神论和反对专制统治的结论。马克思赞成青年黑格尔派的哲学和政治观点。

马克思往往有意发起频繁而激烈的争论,从而使自己的思想能与那些杰出朋友的思想进行比较,渐渐地,这个俱乐部中的"小弟弟"有了中心位置。主要领导人布鲁诺·鲍威尔,成了马克思的忘年交。

"博士俱乐部"也是个"文学俱乐部",这促使一时"隐居陋室"的马克思又活跃了起来。这里有许多文化名人,著名文学家阿尔宁常以个人名义举行文艺晚会,这里的领导人神学讲师鲍威尔又酷爱戏剧艺术。

新闻记者查斯在1846年出版的《新时代的柏林》一书中写道:

正是在这里,在施特黑利咖啡馆里,柏林人为了议论种种新闻而聚集在一起。在这里,诗人亨利希·海涅一面津津有味地吃着夹馅蛋糕,一面创作他辛辣讽刺柏林上层社会的短嘲诗;在这里,20年代的戏剧批评家们写文章评论使整个旧欧洲为之倾倒的仲塔格的才华;在这里,"青年德意志"运动受到"七月革命"的影响而壮大起来;这里进行过关于黑格尔哲学的热烈争论;也正是在这里,"青年德意志"运动的思想成为过时的现象,而《哈雷年鉴》和《莱茵报》为它们的枪炮备足了弹药;在这里,柏林的新闻记者们给全德国的报刊撰写文章。可以毫不夸张地说,年轻的德国人民和新时代是在这里取得胜利的。

马克思在"博士俱乐部"中得到了多方面的锻炼,成了青年黑格尔派中印象最深的一个,以至于他离开柏林之后人们还在经常谈论他。

1841年9月,恩格斯到柏林服兵役,在柏林大学旁听哲学课。当时马克思已离开柏林,恩格斯从青年黑格尔派的朋友的介绍中了解到了马克思,在与埃德加尔·鲍威尔(布鲁诺·鲍威尔的弟弟)合写的一首长诗中,对这位特里尔青年的英勇气概作了生动的描写:

> 是谁跟在他(布鲁诺)的身后,
> 风暴似疾行?
> 是面色黝黑的特里尔之子,
> 一个血气方刚的怪人。
> 他不是在走,而是在跑,
> 他是在风驰电掣地飞奔。
> 鹰隼般的眸子大胆无畏地闪烁,
> 他满腔愤怒地举起双臂,
> 仿佛要把广阔的天幕扯到地上。
> 不知疲倦的力士紧握双拳,
> 宛若凶神附身,
> 不停地乱跑狂奔!

23 岁的博士

马克思又在给父亲写信,告诉父亲"博士俱乐部"发生的一些新情况、自己思想上的新进步。然而,这时却一声炸雷劈顶——"卡尔,你爸爸,你爸爸去世了!"

刚强的马克思撕心裂肺地哭泣,泪水倾注在那封还没有写完的给父亲的信上。

早在 1838 年 1 月,父亲就卧床难起。2 月 10 日,父亲艰难地把几句话加到母亲写给马克思的信上,这时的父亲感到自己的死期临近,他语重心长地嘱咐儿子,要过有条理的生活,节约开支,因为父亲再也没有以前那样的收入了。

在此之前的 1837 年夏天,马克思把法哲学尝试失败中的茫然一时倾注在文学创作之中,他短时期里放弃了对所学各种法学的研究。眼看着父亲一天天变老,身体多病,在父亲 10 月的生日里,马克思把自己创作的《多兰涅姆》命运悲剧第一幕和讽刺小说《菲里克斯》及一些诗歌作为献给父亲生日的纪念。

父亲在母亲信上写下几句话的三个月后,年仅 55 岁的父亲,悄然离开了远在柏林的马克思。

马克思回家办完父亲的丧事后,遵从父亲的遗嘱,不要影响学业,很快回到了柏林大学。他含着泪花又一次端详着带在身边的父亲那张老式银版照片……心里有什么事,再也没有向父亲讨教的机会,经济状况也开始恶化。母亲独自肩负起抚养 7 个子女的重担,这时小弟弟爱德华又死于肺病。

父亲一死,马克思完全放弃了法学,专门从事哲学研究。母亲不理解,他为什么这样倾心于"对生计毫无益处"的哲学研究活动? 但燕妮却如此支持他? 加上母亲对他找上燕妮这个未婚媳妇有"被贵人家瞧不起之嫌",母亲待他更加淡漠了。父亲的死,使他和家庭的密切联系近于中断,同时,也就中断了他和威斯特华伦家的一切联系。燕妮也失去了父亲的支持,因为她的同父异母哥哥斐迪南始终不满意她和马克思的婚姻。

马克思先想到通过在波恩大学任教的朋友鲍威尔的帮助获得一个职业,这样可以同燕妮结婚,并摆脱不和睦的家庭关系。可由于朋友观点的激进,已越来越受到反动政府的攻击,自己在大学里的地位也很不稳固了。

直到 1841 年初,马克思在和家庭发生重大争执的情况下,母亲拒绝今后给他物质上的帮助,他才不得不匆匆结束了学业,并把自己的哲学著作作为一篇博士论文,于 4 月 4 日匆匆寄往耶拿大学。

论文的第一部分阐述了研究古希腊哲学尤其是伊壁鸠鲁哲学的基本目的,以及论述各个时期的一些著名思想家对伊壁鸠鲁哲学的看法,进而说明了伊壁鸠鲁哲学和德谟克利特哲学的一致性。

论文的第二部分主要阐述伊壁鸠鲁的原子论学说,指出它与德谟克利特哲学的区别在于:原子的偏斜,原子的质量性,原子作为本原及其可分性,原子世界的时间性和过程性等等。伊壁鸠鲁还用原子学说解释了天体现象,马克思在附录中进一步阐述了伊壁鸠鲁哲学的无神论性质。

这篇题为《德谟克利特的自然哲学和伊壁鸠鲁的自然哲学的差别》的博士论文,采用浪漫主义的写作方法,并且按照黑格尔的逻辑意识,着重考察了精神和世界的关系问题,以独特的思维和敢于向"天体"挑战的气概,反映出马克思崇尚自由和无神论的思想。

耶拿大学哲学系主任巴赫教授看完这篇论文后感到十分满意。他在4月13日就把这篇论文转给了评审委员会的其他成员，并附有这样的评语：

> 谨向诸位推荐特里尔的卡尔·马克思先生这位极有资格的候选人……该博士论文证明该候选人才智高超，见解透彻，学识渊博，本人认为该候选人实应授予学衔。

申请者的优点如此明显，因此大学就没有对马克思再进行考试，于1841年4月15日就授予他哲学博士学位。

免除了考试，破格尽快得到了哲学博士学位，马克思高兴得说不出话来。他拿出父亲的照片，让父亲"躺"在他的博士学位证书上，默默地告慰父亲……

丰富的知识和长久的思考，使马克思对世界有了新的更清晰、更准确的认识，他有了博士学位证书，更巩固了他大胆的信念，他对未来充满了信心。他仍像童年时代一样，把普罗米修斯尊奉为争取自由的伟大英雄。

马克思带着他的博士论文和博士学位证书，满怀信心、昂首阔步地回到特里尔城。现在他应有充分的理由提出与燕妮结婚了，并能够向等待着的燕妮表明，他真的像父亲在一封信里劝告他的那样，已经成了一个"值得世界尊敬，并且知道如何赢得世界尊敬的人"。

第二章

走向社会

择业之难

1841 年 4 月中旬，马克思结束了大学生活，开始走向社会。

马克思回到特里尔，家里本应为这位年轻的博士感到高兴，可母亲见他学的是法学专业、获得的却是哲学博士证书，深感遗憾。母亲一心要求他尽快获得学位和高官厚禄，指望他作为保障家庭生活的主要力量，然而"对生计毫无意义的哲学"，大大限制了他得到实际官职和高额收入的可能性。

马克思，他已不再空着手踏进未婚妻的家里了，而是带着上面题有献给未婚妻父亲的题词的博士论文这一份厚礼来的。

马克思在博士论文上恭恭敬敬地写着：

献给

敬爱的父亲般的朋友

政府的枢密顾问官

特里尔的路德维希·冯·威斯特华伦先生

借以表达子弟的崇敬之意

马克思还在博士论文的献词中写道：

希望一切怀疑理念的人都能够像我一样幸运地赞扬一个富于青年力量的老年人，这位老年人以对于真理的热情和严肃态度来欢迎时代的每一种进步；他并且充满了令人深信的、光明灿烂的理想主义，这种理想主义只知道能激发起世界上一切心灵的真理;他从来不被倒退着的幽灵所拖曳着的阴影吓退,从来不被现代的乌云密布的昏天暗地惊倒,相反地,他永远以神灵般的精力和刚毅坚定的眼光通过一切风云变幻而透视那在世人的心中燃烧着的化日天光。您,我的父亲般的朋友,您永远是我的活生生的证据,鲜明地证明着,理想主义不是幻想,而是一种真理。

马克思把博士论文亲自送到了燕妮父亲的手里。

顾问官对眼下这位年轻的博士投以赞扬的目光,这目光中丝毫没有了当年"老鼠叼走牙齿"的嬉戏。然而,这位自幼影响马克思并一直被他热爱尊敬的人,尽管具有资产阶级民主思想和丰富的学识,也无法完全摆脱世俗的观念。顾问官对马克思的哲学博士学位的前景也深感茫然和担忧。

燕妮与马克思已订婚整整5年,当马克思获取博士学位证书时,双方家庭还仍然反对,都借故马克思没有"自立",再次推迟婚期。双方家庭的一些成员还以为这样就能破坏这对青年人的最终结合。

面对双方家庭这种压抑的氛围,马克思不再同母亲住在一块儿了,他到特里尔找了个地方落脚。

1841年7月,马克思来到波恩,探望在波恩大学任教的布鲁诺·鲍威尔,希望能够在波恩大学找到一份工作,当一名哲学教授。

然而,马克思亲眼看到的是,自己的朋友都是青年黑格尔派,朋友的命运都黯淡起来,反动政府把他们一一逐出了大学讲坛和编辑部。

马克思只能得到鲍威尔等几位处境艰难的朋友的资助,在波恩筹办《德意志年鉴》等一些激进刊物而勉强度日。

1842年1月初,燕妮的父亲病重,马克思又从波恩回到特里尔。为了帮助燕妮分担她失去亲人的痛苦,马克思在燕妮的父亲于3月3日去世后,一直在特里尔住到了月底。这段时间,由于生活和职业的动荡,马克思到处奔波,从波恩去科隆,又从科隆到波恩,再从波恩回特里尔,加上燕妮和自己失去亲人的悲痛,马克思的身体被拖垮了,也病了一场。

身体稍见好转时,马克思不顾燕妮的劝阻又立即去了波恩,开始与青年黑格尔派的公开机关密切联系,并连续在《莱茵报》上刊载了他的10篇论文,文章的影响力也开始显现出他在《莱茵报》的位置。

1842年5月,马克思家中再次发生不幸,弟弟海尔曼因腹膜结核病去世。马克思回到了特里尔,在家里待到7月中旬,后又同母亲为家庭纠纷遭受痛苦。

燕妮在父亲死后越来越成为家里受人挑剔的对象,她同自己的家庭出现了敌视的情绪,并越来越使她处于无法忍受的状态。

社会、家庭的困扰,使马克思对择业感到一片茫然。

苦恼人的笑

马克思虽然拿到了博士学位却找不到工作,不仅没有得到家人的同情,反而被卷入了双方家庭矛盾的旋涡之中,只能痛苦地与亲人们"决裂"。

经济上的困扰、家庭矛盾的加剧、婚期的推延……这些都没能阻止爱情的发展,反倒使马克思和燕妮的感情更加牢固,一种冲破世俗、走自己的路、凭自己的能力创大业的强烈进取欲支撑着这对年轻人。

在劝慰燕妮之后，马克思又来到波恩同学、朋友的身边。

1842年7月，马克思在给卢格的信中提到了家里不愉快的事：

> 从4月以来直到今天，我总计起来大约最多只工作了4个星期，而且还是断断续续的。由于最近的丧事，我不得不在特里尔待了6个星期，而余下的时间都被不愉快的家庭纠纷分散和浪费了。我的家庭给我设置了重重障碍，使我目前陷入了极为窘迫的境地，尽管我的家庭情况不坏。

马克思写完信，想调节一下情绪，于是去找朋友鲍威尔。

青年黑格尔派的激进分子都受到反动当局的压制，心中都非常沉闷，鲍威尔见到马克思也很高兴。

"马克思，不是说这回带你的燕妮小姐来吗？怎么不带来呢？"

"还是暂由新的顾问官（指燕妮同父异母的哥哥）帮我收藏的好，等她老了些再带给朋友看看。主要是长得太漂亮了，太吸引人了。"

"嚯，你还怕我们抢了你的？"

"抢是抢不走的，我们都藏到对方的心里去了。"

"这也难说吧？凭我这挺有魅力的男子汉在她面前一站，也说不定会藏到她的心里去呢！"

一阵爽朗的笑声响起。

笑够了，马克思才向鲍威尔说起家庭的一些琐事，说起燕妮的处境……

"有情人终成眷属。再耐心等待一两年吧，等你有了稳定的职业,做出个人样来,给那位顾问官看看。"

"谢谢您的安慰。难道我现在就不像个人样吗？身高一米七,深褐色的眼睛,鼻子中等大小,胡须、头发乌青发亮……"

"哈哈哈……"

"我亲爱的同学,就想法让我在波恩大学任教吧,我们也不离开了嘛!"马克思说。

"这也要像你等待燕妮那样,要耐心等待。眼下我在这里也是自身难保啊!"鲍威尔摇头说。

"这个等待我却耐心不下,毕竟还没有我等燕妮的那种魅力。我说呀,我们要有一块自己的坚固阵地就好了。"马克思说,"《莱茵报》的诞生,好歹说成几个很有影响的富有资产者成立一个股份公司来办,为我们青年黑格尔派创造了一块宣传阵地。可那还不能说是自己的。你的那个亲戚鲁滕堡,亏我建议推着他出面当主编……"

鲍威尔紧接住话茬:"他不能胜任这项工作,只有你才会干出起色的。"

"那样会使我感到良心不安。让他再干干吧!"马克思又扬了扬眉说,"不过,我们不能让人看笑话,我们要干出一番大事业来让那些古板的资产者咋舌。"

"是呀,沉默、烦躁、忧伤的老者是救不出我们的。"

"我们去快乐一下,长长精神,让波恩的人为我们鼓掌吧!"马克思提议道,兴奋地站起来。

"去旅游吧?"鲍威尔说。

"口袋里厚实吗?"马克思担心地问。

"还够花一阵子的。"鲍威尔回答。

"那就痛痛快快地玩一玩再说吧!长长锐气好干事!"

"好!"两个朋友和往日一样又兴奋起来。

鲍威尔租来了两头毛驴,他们骑着毛驴四处漫游,静心看波恩的美景,纵情谈来日方长。

驴背上一阵漫谈后又是一阵飞跑——散发出一身热气，使出一身使不完的劲。

鲍威尔给弟弟埃德加尔写信说：

> 马克思现在又来到这里，最近我和他到处纵情漫游，为的是再次享受一下所有的美景。这次旅游真是妙不可言，我们又像往常一样异常兴高采烈。在哥特斯堡，我们租了两头毛驴，骑着它们环山飞跑，驰过村庄。波恩的社会人士像过去一样以惊奇的眼光注视着我们，我们欢呼，驴子齐鸣。

一个"商人的儿子"出现

1842年11月底的一天，《莱茵报》编辑部来了个陌生人。这是一位满头黄色头发的青年人，穿着很整齐，梳着三七分头，大方脸目光炯炯有神，一副和蔼可亲的样子。

"是编辑部吗？"黄头发人小心地问。

"没错，《莱茵报》。"坐在窗前抽雪茄的黑发黑胡子青年人忙站起身回答，"有什么事吗？"

"来看看。学习，走访。"黄头发的人又自我介绍道，"我是在柏林退役的恩格斯。"

额上留有明显的帽痕，是一个刚脱下军服的很精神的年轻人，比黑胡子高一个头，黑头发人上下打量了一下这个黄头发人。

"噢，恩格斯？你就是那位在诗歌里把柏林大学'博士俱乐部'的一个人比作'鹰'的那位'商人的儿子'。"黑发人忽然记起了这个名字。

"嗯,是的。"恩格斯回答,他接着打听,"马克思在吗?"

"找他有什么事?"

"没有什么具体的事,看看他,顺便来学习你们的报纸。"恩格斯用手捋了捋额前还很不习惯的头发,停了停又说,"你们的报纸办得挺有生气,对整个普鲁士影响较大。"

"作者先生,他就是马克思博士先生,我们的主编。你带来的稿子交给我。"一旁的一位编辑过来介绍道。

"啊,久仰——久仰!你就是马克思先生?果然名不虚传,这么年轻就当起主编来了。"恩格斯听说这就是在"博士俱乐部"很有影响并且被自己描写为"鹰"的人,心里好高兴,连忙把颈下的扣子解开,身上热乎起来。

"难怪,是马克思先生当了主编。"恩格斯在一旁就近找个地方坐下,满脸微笑,盯住马克思,生怕他跑了似的。

"带来好稿子快拿来拜读,恩格斯先生。"马克思被来者打量得有些介意了,忙支开对方的目光。

"很抱歉,我没写稿件。我是刚满服役期,要到英国去,经过巴门,就绕道一程到这里来走访你们《莱茵报》的先生们。没想到,来编辑部第一个就遇上了你,我敬爱的马克思先生!"恩格斯痛痛快快地说,像突然遇上了老朋友,"埃德加尔通过他哥哥鲍威尔早就向我介绍过你,不简单,你的《莱茵报》又一下就办成了受人尊敬又喜爱的报纸呀!"

"好什么?少说奉承话!"马克思有些气呛,还把脸转向了一旁说,"你不是来检查我们的吧?!好在有读者支持我们《莱茵报》,不然,就要撤版了。"

编辑部的人听说来者是主编的老朋友,客气地端来了一杯茶水。"恩格斯先生,在你还不认识我的时候,怎么能轻易夸奖一个人呢? 真是不敢当,谢谢了!"马克思抽着烟,淡淡地说。

"因为听说你在'博士俱乐部'很有特点,是少有的一位进步的人才。"恩格斯认真地回答,又捋了一把额前的头发。

"你是商人的儿子,怎么会对我们感兴趣呢?"马克思有些轻蔑地说。

"商人的儿子,不,不一定,就是商……商人。"恩格斯说得有些激动,显出结巴,可一字一字沉沉地说得掷地有声。

房屋里的空气一时凝滞了。

马克思已读过恩格斯的文章,他反对谢林。他在柏林大学当旁听生进修哲学,对黑格尔和费尔巴哈感兴趣,也给《雅典》写过稿,同时也是《古茨科报》——"自由人"的机关报撰稿人。马克思鄙视黑格尔脱离实际生活的"自由人",何况来者是"一位商人的儿子"。

"你们的报纸发行量有多大?"恩格斯转移了话题。

"3400 份。"

"原来呢?"

"885 份。"

"呀,4 倍!"恩格斯很惊讶。

"恩格斯先生,真的对我们报纸感兴趣,就拿出诚意来支持我们,给我们多写一些适合我们口味的有分量的稿子。"马克思说。

"但愿我的笔会争气的。"恩格斯恳切地回答。

"我们这支笔只埋头算计着自己口袋里的几个钱是没有多大用的。"马克思笑了笑说,"当然,也有用,但不会有大用。因为经常是你自己往口袋里算进,人家又以各种名目帮你算出了,进口袋的钱,人家也会夺过去的!"

"很有道理。"恩格斯点了点头。

马克思独自抽着烟，忽然觉得本应向客人递上一支，但想到对方是"商人的儿子"，穿得如此整齐，就又给对方客气中又不客气地说一句："我抽的是雪茄烟，你不一定喜欢，也就免了。"

"哪里哪里，我还没学会抽烟呢！"恩格斯说着，起身看身旁的一份《莱茵报》。

"最近的？我拿去车上看看？"恩格斯看看手表，用目光征询马克思的意见。

"真有兴趣就多拿几份吧！"马克思说。

"谢谢！时间不早了，下次抽空再来看你。"恩格斯起身告辞。

"没什么看的。"马克思冷淡地说，"只来看报纸的发行量，没空可以不来。"

他们的告别没有拥抱，没有握手，只是那相互审视陌生的对方很有穿透力的视线的交战。

恩格斯出门前还转身看了黑胡子青年一眼，才悻悻地离去。

24 岁的《莱茵报》主编

马克思是活跃在《莱茵报》编辑部最年轻的一名撰稿员，由于他的笔力和几篇文章见报后社会反映良好，报社公司股东们委任他担任编辑，又极力地把他推到了主编的位置上。

科隆是莱茵省的经济中心，工商业发达，又有铁路，《莱茵报》是 1842 年 1 月 1 日在这里创刊的。青年黑格尔派的积极分子们注意到了这份商人报纸。马克思极力推举鲍威尔的姻亲鲁滕堡出任主编,在此之后,青年黑格尔分子就成了《莱茵报》的经常撰稿人,致使报纸的商业性日趋政治性。

10月初,马克思迁居科隆,10月15日出任主编。

马克思在任《莱茵报》主编的当天就写了《共产主义与〈奥格斯堡总汇报〉》一文,尖锐地批评了这份报纸对共产主义问题所进行的武断指责。《奥格斯堡总汇报》认为,用法国贵族的命运来恐吓刚刚产生出来的德国资产阶级,是一种愚蠢的做法。一些有钱的少爷们只是想玩弄社会主义思想,他们绝不打算把自己的财产拿出来与工人们均分。

马克思认为,共产主义对当前的欧洲问题具有重要意义。随着中等阶级战胜封建贵族而成为社会的统治阶级,它们面临着享有特权的贵族在法国革命时的情况,即那时中等阶级要求享有贵族的特权。现在,一无所有的阶级要求占有中等阶级的一部分财产,这是曼彻斯特、巴黎和里昂大街上引人注目的事实,英国的宪章运动、法国的1831年和1834年工人起义,就是这种要求的反映。

马克思在《论普鲁士的等级会议》这篇文章中指出,真正的国家是人民自己活动的产物,即不是由其他人产生人民的代表,而是人民自身产生出代表权。不应当把代表权看作某种并非人民本身的特殊事物的代表权,而只应看作人民自身的代表权。

从马克思这一时期发表的文章可以看出,他不仅提出了激进的民主要求,而且在为先进的世界观而斗争。

这时马克思的观点开始从黑格尔、费尔巴哈的观点中冲出来,形成了自己新的世界观。主编的激进使他的《莱茵报》的政治面目焕然一新,他尊重客观、面对现实的唯物主义倾向在人民心目中产生了共鸣。在马克思领导下的《莱茵报》异常活跃起来。

马克思 10 月 15 日担任《莱茵报》主编的那一天，仅有 885 个订户，也就是说，只有《科隆日报》订户的 1/10。而且这份报纸在莱茵省也不受欢迎。因为它带着年轻人所特有的那种傲慢态度，攻击国家和教会的现存制度，却提不出可以代替它的任何更好的办法。然而，11 月 10 日，不到一个月，总督便焦虑不安地向柏林报告说，报纸的倾向变得越来越恶劣，越来越歧视政府。现在的销售量已达到 1820 份。

过了一段时间，又达到了 3400 份！

《科隆日报》受到了威胁，《莱茵报》的影响扩展到了整个普鲁士。

这个黑头发黑胡子的年轻主编，被检察官死死盯住了。他要同检察官作或明或暗的斗争，又要同胆小怕事、怨天尤人的股东们周旋。

给检察官送去一些次要的材料让他删除，出版时，一些必要的文章又巧妙地同广大读者见面了。

马克思从群众捧读《莱茵报》的笑脸上、从日渐增多的销售数量上看到了自己编辑报纸的成功，他不由会心地微笑着给朋友们讲述他怎样同检察官演恶作剧的细节。

当时必须连夜把清样送交检察官，以便报纸可以在第二天出版。检察官用红铅笔东勾西画之后，常常给印刷厂带来十分费时的夜班工作。

一天晚上，检察官正要带他的妻子和女儿去参加省督邀请的大舞会。但在赴会之前，他必须首先完成自己的书报检查工作。可是恰好在这天晚上，清样没有在通常的时间内送来。检察官等了又等，因为他不敢玩忽职守，但又必须在省督面前露露脸，好让别人见见自己的这几个女儿。差不多 10 点钟了，检察官非常烦躁,于是他就打发妻子和女儿先去省督那里,同时派仆人到印刷厂去取清样。仆人回来报告说,印刷厂已经关门了。检察官大感失望之余,驱车前往距离很远的马克思的寓所,这时已近11点。

经过长时间的敲门之后,才见马克思在三层楼上的一个窗户里探出头来。

"清样?"检察官向上大声吼叫说。

"没有!"马克思朝下呼喊。

"啊!"

"我们明天不出报了!"

马克思"砰"地把窗户关上。

《关于摩塞尔河地区农民状况》发表出来了。

《摩塞尔记者的辩护——马克思》发表了……

然而,《摩塞尔河沿岸地区的毒疮》《摩塞尔河沿岸地区的吸血鬼》《有关改善这种状况的办法和建议》等文章最终还是被禁止发表。

《莱茵报》与政府的对立已进入公开化、尖锐化。

1843年1月19日,普鲁士内阁会议指责《莱茵报》是一家倾向极坏的报纸。

马克思1月25日给卢格写信:

我对这一切都不感到惊奇。你知道,我从一开始对书报检查就会抱怎样的看法。这件事在我看来只不过是一个必然的结果,我从《莱茵报》被查封一事看到了政治觉悟的某些进步。因此我决定不干了,而且,在这种气氛下我也感到窒息。即使是为了自由,这种桎梏下的生活也是令人厌恶的,我讨厌这种小手小脚而不是大刀阔斧的做法。伪善、愚昧、赤裸裸的专横以及我们的曲意奉承、委曲求全、忍气吞声、谨小慎微使我感到厌倦。总而言之,政府把自由还给我了。

查封《莱茵报》的法令通过后的第10天,即在1月30日,科隆举行了集会。会上通过了致国王的请愿书,要求取消这一法令。请愿书是秘密印刷的,且相互传阅,在请愿书上签名的有千余人,并于2月18日寄往柏林。请愿书不仅来自反映激进知识分子情绪的城市,而且也来自农业地区、来自乡村贫民。别恩堡－特拉尔巴赫和郊区的52名贫苦的葡萄酒酿造者,在请愿书中写道:"《莱茵报》是否散布了谎言,是否诽谤了管理当局,我们不知道。但是,我们懂得,关于我们地区和我们的贫困状况,讲的都是真话,而这些真话再也不能不讲了。"

3月10日,《莱茵报》上发表了马克思的如下一个声明:

> 本人因现行书报检查制度的关系,自今日起,退出《莱茵报》编辑部。特此声明。
>
> 马克思博士
> 1843年3月17日,于科隆

这一天,《莱茵报》用红色油墨印刷出版了它的最后一期。在最后一期里,它宣告了为之而斗争的自由的信仰:

> 我们高举自由的旗帜出海航行,
> 把祸患连同锁链和皮鞭统统埋葬;
> 水手们不需要监视,
> 他们都忠于职守。
> 让人们去说我们把命运作儿戏,
> 让他们去嘲笑和谈论各种灾难吧!

哥伦布当初虽遭嗤笑，

但他毫不畏惧铺向新世界的路。

新的战斗在彼岸等待着我们，

在战斗中我们会遇到战友，

如果征途上注定要遇险——

在艰难中我们将忠于自己。

情深燕尔

马克思离开《莱茵报》去了荷兰。为了远离故乡，他走访母亲方面的亲戚，疏导自己同母亲的关系，并同姨父莱昂·菲利普谈到父亲的遗产问题。

可是，马克思回到母亲身边时，母子关系仍然十分紧张。母亲不理解他的政治见解，也不同意他对职业的选择，并以马克思违背了父亲生前要他当一名律师的意愿等为由，仍然是铁面一张。母亲拒绝给他生活上的接济，享受父亲的遗产也仍然没有希望。

马克思徘徊在威斯特华伦住宅——这栋曾"收藏过他的瑰宝"的房子周围，"心上人"同她的母亲为摆脱很有权势的同父异母哥哥的歧视，早已离开了这里。

马克思在特里尔小居后，无言地告别了生养他的本应是充满慈爱和留下幸福回忆的那块眷恋的土地。

5月，马克思去了莱茵河畔的一座小城——克罗茨纳赫有名的矿泉浴场，燕妮和她的母亲一块儿住在这里。

这位黑胡子青年，乌黑的波浪卷发蓄得差不多披肩，里穿坎肩,外披长翻领风衣,离开了《莱茵报》却依然还是一位主编的翩然风度。

马克思想起了燕妮,想起了自己的政治斗争一时连燕妮也不完全理解,何况母亲那样极僵化的头脑。

进入《莱茵报》后,马克思逐渐卷入了政治斗争的旋涡,燕妮关切地注视着马克思的生活和斗争,她也担心马克思卷进政治斗争难免遇到危险。她给马克思写信说:

> 亲爱的,如今你甚至都卷进政治里去了,这是最危险的。卡尔,你时刻要考虑到:你家里有一个爱人,她正期待着你,惦念着你,她与你休戚相关。亲爱的,我的心上人,我是多么想见到你。
>
> 唉,亲爱的,多少个不眠之夜,我想念着你和你的爱,我是多么经常地为你祈祷,为你祝福,祈求福祉降临在你头上,然后,做着回忆过去和未来的幸福的梦,这又是多么甜蜜。

"我回来了!我亲爱的!"马克思在元月就决定要尽快结婚,并要带燕妮离开德国侨居国外。马克思的到来,未婚妻和未来的岳母都已经知道了。

按照当时的习俗,这是前所未有的婚姻。父亲是政府的顾问官,兄长斐迪南·冯·威斯特华伦成了名利十足的普鲁士内政大臣,贵族出身、年华似锦的燕妮,又被公认为特里尔最美丽的姑娘、"舞会的皇后",到处使人们为之倾倒,求婚者不乏其人,毫无疑问,可以缔结一门荣华富贵的婚姻。但燕妮却蔑视封建社会和资产阶级社会的一切传统观念,7年前就把自己许配给了一个普通市民阶级的子弟,眼下,这位没有固定职业而四处流荡的博士,又毅然放弃了普鲁士请他做官的机会,可想而知,眼下完全不能预卜他们共同生活后的前途。

然而,为了他们圣洁的爱情,苦苦等待,相思 7 年多,燕妮和母亲同自己的"虔诚主义"家庭发生了严重的冲突,马克思几乎失去了母爱,他们都已吃尽了个中苦头,也品味了其中的甜头。

相思 7 年的一对情人,终于在这天然的浴场紧紧地拥抱,酸辣苦涩的泪水流进浴场天然矿泉的清醇里……他们各自触摸到了对方手上的戒指。马克思掏出"花手绢"抹去双方眼角的泪水,又叙起"花手绢"的故事,童心般地欢跃、追赶起来,激荡浴场和莱茵河的浪花,泛起一阵阵涟漪……

6 月的骄阳,在克罗茨纳赫的尼柯斯士教堂的上空倾洒着光辉,汇纳莱茵河畔之精灵的有名浴场,在洗涤着这一对年轻人相思 7 年的疲惫。人不作美,大自然却为他们尽献其美,充分恩赐这一对苦挣苦熬过来的圣洁的情人。

"我们马上结婚,永远不再分开!"马克思提出来了。

"马上结婚!结婚!"燕妮也说。

岳母也终于答应了。

1843 年 6 月 12 日,马克思和燕妮由证婚人主持,在燕妮母亲的克罗茨纳赫的住宅里签订了"婚约":

> 现在科隆的哲学博士卡尔·马克思先生和现住在克罗茨纳赫的无职业的燕妮·冯·威斯特华伦小姐缔结婚约。

6 月 19 日,马克思和燕妮梦寐 7 年之久的这天来到了,他们在著名的克罗茨纳赫浴场和母亲的住宅举行了简单的婚礼。

大街、浴场出现了一对身着盛装的青年男女,他们的风姿令人羡慕。男子满头卷曲的乌发,胡须发出淡青色的亮光,手挽着一个娴静、姿色出众的深棕色头发的姑娘,在阳光艳丽的小城里徜徉着……

河边枝头的鸟儿也飞到这间河畔的新房,透过红色的窗帘,探视人间相思 7 年后的燕尔恩爱,窃听那动人呢喃的情话。

在他们后来往来的信中无不证实了多情生灵的感知。马克思写道:

> 诚然,世间有许多女人,而且有些非常美丽。但是哪里还能找到一副容颜,它的每一个线条,甚至每一条皱纹,能引起我生命中的最强烈而美好的回忆?

燕妮写道:

> 我非常清楚,我们永远不会孤独,而我的命运又很好,我是少数幸福者中的一个,因为我的旁边有我的亲爱的丈夫,我的生命的支柱。

蜜月里,他们在燕妮的母亲和弟弟埃德加的陪伴下,做了新婚旅游,从克罗茨纳赫到普法尔茨再到巴登,再回到克罗茨纳赫。在此期间,马克思去了一趟德累斯登,和卢格一起完成出版《德法年鉴》的筹备工作。

燕妮关切地问:"我亲爱的卡尔,你下一步准备怎么走?"

前往法国巴黎

马克思退出《莱茵报》编辑部以后,准备到国外去创办一本新的杂志。他认为最合适的地点是巴黎,因为巴黎是当时欧洲革命的中心,聚集着各国的许多革命者,特别是德国的一些革命者多数都流亡在那里。马克思希望通过创办这本杂志,能够把德国和法国的革命者团结起来,共同从事革命活动,所以把杂志定名为《德法年鉴》。马克思的目的十分明确,就是准备在巴黎出版《德法年鉴》,然后秘密运回德国境内发行。

马克思同青年黑格尔派的卢格商定了出版杂志的计划,对于相关的细节也做了充分准备。卢格很有钱,他同意出资共同创办这本杂志。正当创办杂志的准备工作即将就绪的时候,普鲁士政府改变了手法,他们请来一个说客,企图以名利来收买马克思。

1843年初的一天,也就是普鲁士政府查封《莱茵报》法令通过后不久,一个陌生人突然来到《莱茵报》编辑部,大大咧咧地要找主编。

"马克思先生在吗? 我是他父亲生前的朋友,叫埃赛尔。"

埃赛尔已是普鲁士首席监察枢密顾问官高级官员,马克思很快记起了他。

"《莱茵报》要查封停办,出于与你父亲的友谊,也是根据普鲁士政府的意图,我来请你去担任《鲁普士国家报》的撰稿人。"埃赛尔用不容商量的口气说。

"叔叔,感谢您对我父亲的怀念和对他儿子的爱护。"马克思深切地说,并不由得看了看带在身边的父亲的银版照片。

"马克思,你马上做个简单移交,今天就可以跟我走。"说完,埃赛尔满意地笑了。

"不,叔叔。《莱茵报》真要被查封,我还敢去《普鲁士国家报》登大雅之堂吗? 那是不合适的。"马克思认真地说。

"没有问题,如果不合适的话,我也不会特意来请你上任的。孩子,国家报纸的撰稿人,既有显赫的位置,又有一份固定的收入。"对方也恳切地说,"我们老了,只看你们长大成人了!"

不用说这个职业所带来的社会地位,就是固定收入这一项,对于一个已被剥夺了财产继承权、在普鲁士境内又不会有其他就业机会的人来说也是十分需要的。这也可以为马克思举行隆重的婚礼创造更好的条件,从而使他心爱的燕妮得到安宁和幸福的家庭;加上燕妮的哥哥在普鲁士政府已有了重要地位,结婚成家后在政府里谋个更好的职位是不成问题的。可是,马克思对这些都看不中,尤其是一想到燕妮这个同父异母的哥哥就更心烦起来。

"叔叔是一片好心好意。但有人是想要收买我,让我不说真话。为着他们长此以往过安宁日子,这怎么能办得到?!"马克思说得有些激动,"叔叔,《莱茵报》不封行不行? 我退出编辑部总可以了吧?"

"……?"顾问官一时不知说什么好。

"请叔叔放心,我退出《莱茵报》,也不去国家报工作,相信我也一定会长大成人的。我是不会给爸爸和爸爸的朋友脸上抹黑的!"

顾问官无可奈何,只好悻悻地离去了。

马克思拒绝了政府的委任。为了忠实于自己的理想,为人类而工作,为大多数人谋利益,他咬了咬牙关,挺住各种困难,像普罗米修斯那样,宁愿被缚在崖石上,也不做宙斯的奴仆。

到巴黎去! 到"新世界的首都"去!

马克思给卢格写信说:

> 到巴黎去吧,到这个古老的哲学大学和新世界的首府去吧! 必须做的事情一定可以做到。所以我毫不怀疑一切困难都能克服,困难之大我是完全知道的。

1843 年 10 月底,这对年轻的夫妇放弃了在德国唾手可得的荣华富贵,来到了异国他乡——法国巴黎,随同的只有女佣德穆特·琳蘅。他们很快就把家安置在了巴黎瓦诺街 38 号。

巴黎是座拥有 33 座塞纳河大桥的城市。燕妮和马克思喜欢这座城市,他们觉得再没有一座城市能有这样漂亮的街道和富丽堂皇的建筑了！这里有不少哥特式艺术的纪念建筑物:巴黎圣母院、圣保罗教堂;大学和很多高等学校所在地的拉丁区,坐落在塞纳河右岸的先圣祠,以及市政厅和商场;这里还有宽阔的林荫道、大广场和建筑物;河的北岸有卢浮宫和具有历史意义的杜伊勒里宫,有总统府所在地的香榭丽舍大街,有凯旋门所在的星形大广场。

可马克思不是带妻子来巴黎观光的,他来的主要目的是在这里尽快出版和发行《德法年鉴》这份作为"一种主张彻底改造社会"的刊物。

一天,这对年轻的夫妇走过市政厅的时候,碰巧遇上一阵暴风,突然间大雨倾盆。燕妮和马克思在顶风斗雨中欢快地跑起来,后来他们在路易·菲利普大桥旁、格勒河岸才停下来,含笑地观赏着风雨奇景。

他们安详地在大雨中慢慢走过大街,并从波旁河岸拐到圣路维希岛,这时天空中电闪雷鸣。塞纳河对面奥姆岸上矗立着一长串灰色的房子,它们彼此不同的屋顶,互相掩映,清晰地显出轮廓来。市政厅的青色石板屋顶和圣保罗教堂包着铅皮的半球形屋顶被暴雨冲刷得闪闪发光。

他们俩走着走着,只差几步路就到了住所,可马克思却还挽着燕妮在雨中往前走,不留意下雨的事,他的思想又回到了《德法年鉴》上。

"你知道吗?是谁寄给我一篇文章?"马克思突然问。

燕妮摇了摇头,雨珠从帽子上淌下来了,眼睛一片模糊,只听任马克思挽着走。

"恩格斯！就是那个'商人的儿子',他住在曼彻斯特。他的文章确实可以用,是研究古典政治经济学不可多得的文章,正如他自己说的,他的那支笔确实非常争气。我将把他的文章放在我的年鉴的第一期上,文中可以看出这位'商人的儿子'非常透彻地认识到了无产阶级的历史使命,非常难能可贵啊!"

燕妮注意地倾听,默默地贴近马克思走着。当一位打伞的女人与他俩撞个满怀时,才发现他们早已在雨中走过了自己的住宅。

"卡尔,你知道吗?"燕妮却快活地说,"我在家乡压抑地度过了精神上的孤独生活之后,在这美丽的巴黎才成为一个自由自在的人,并且体会到了其中的乐趣和幸福!"

在巴黎的头几个月里,马克思把大部分时间都花费在了《德法年鉴》的编辑出版等具体的准备工作上。由于卢格生病,编辑的责任几乎完全由马克思独自承担,到1843年底,出版的准备工作基本完成。1844年2月,《德法年鉴》出版了第1—2期的合刊创刊号。马克思是这期间刊物的主要撰稿人。

创刊号以马克思和卢格的通信开头,发表了马克思1843年3月至9月写的《致卢格的三封信》和《论犹太人问题》及《〈黑格尔法哲学批判〉导言》等文章。在这些文章中,马克思把政治解放与人类解放区分开来。他认为政治解放就是资产阶级革命,只能使人民摆脱封建的束缚,实现资产阶级的民主自由,由于它不消灭私有制,因而是不彻底的;人类的解放则是要通过消灭各种剥削和压迫,使人们从现代社会的弊病中解放出来。从这些文章中可以看出马克思已经从唯心主义观点转到了唯物主义观点,并且已经从一个革命的民主主义者转变为共产主义者。文章以其对革命形势的深刻分析和对劳动人民革命前途的信心,很快就从巴黎影响到了德国。

马克思主编的《德法年鉴》杂志刚出版,普鲁士当局就慌了手脚,通令各省省长严守国境线,用一切手段阻止这本杂志入境。反动政府无法在巴黎抓到马克思,但在莱茵河的汽艇上,在德国和法国的边境线上,警吏搜出好几百本《德法年鉴》,并将其没收,致使马克思的经济状况陷入了极为艰难的境地。

《德法年鉴》只出了创刊号,马克思和卢格之间发生了原则上的分歧。卢格不同意马克思使《德法年鉴》具有民主精神和共产主义倾向。他说最糟糕的就是那些德国共产主义者,他们想解放全人类,还想通过财产公有和公平分配的办法来消灭私有制。马克思在《〈黑格尔法哲学批判〉导言》一文中号召无产阶级群众争取实现"人类的解放——共产主义的社会制度"。

革命杂志刚刚问世,就受到了外部和内部的打击。由于多方面的原因,这本杂志只出版了一期就不能再出版了。但沉重的打击并未使马克思灰心丧气,他准备投入更大的精力,继续探索已经初步形成的新的世界观。

雪茄烟和女佣

普鲁士当局不但组织没收了《德法年鉴》在德国发行的部分,还下令:只要马克思、卢格和亨利希·海涅一踏上普鲁士国土便立即予以逮捕。

这时,胆小怕事的卢格被马克思的这个号召公开革命的刊物吓倒了,他无耻地撕毁了和马克思签订的出版合同,尽管他经济条件相当富裕,却拒绝付给马克思应得的工资,并提出要马克思把未售出的刊物拿出来作为他的经济补偿。

马克思的这个新家庭发生了经济危机。

困境中的燕妮对于马克思更加倍地爱、体贴、安慰,他们以童年的梦幻——永远在一起生活为最大的满足,熨平两位新人的心浪。

到了月底,马克思不得不拖欠女佣琳蘅的工资。这对马克思倒是个极大的痛苦,每当琳蘅走进房间的时候,他就很不自在,觉得脸在发烧。

"对不起,琳蘅,这个月的工资不能及时付给你。"马克思说这话时真不好意思看女佣一眼。

可她却连连说:"我们不谈这件事,不谈这件事,我现在不需要钱用,你用不着介意。"

琳蘅对马克思和燕妮怀着极大的尊敬。她是摩塞尔一个农民的女儿,自幼在燕妮的家里,与燕妮如亲姐妹一般,以至于她自愿追随这对相思7年的圣洁夫妇,过着流亡的生活,必要时她自然会想到放弃自己的那份工资。顽强、贤惠、聪敏、朴实的琳蘅有着井井有条的思想和节俭的美德,在极其艰苦的日子里,她也会调理出可口的菜肴端到桌子上来。她敬佩青年博士不倦的工作能力和过人的智慧,但也了解他急躁的癖性和其他一些缺点,她用女性特有的聪颖同他周旋,代他调理着经常遇到困难的家庭。

琳蘅端来一碗热气腾腾的菜汤放到桌子上的时候,马克思总是说:"我们善良的琳蘅是懂得在最困难的情况下处理一切的。几天来我们家里一文钱也没有了……"

当她见马克思显出一副难过的神色时,她知道他不是因为菜汤味道清淡的缘故,而是烟瘾难熬了。这时,琳蘅常常微笑着从围裙的口袋里掏出满把的雪茄烟放到主人面前的烟碟里。

琳蘅轻快地说:"看,我有雪茄烟。"

马克思很快就重新露出了愉快的笑容,他虽然知道自己口袋里分文没有,但还是满怀希望地到外衣口袋里去掏,又只好意味深长地耸耸肩,哑然地笑了:"琳蘅,不要忘了赊包烟呀!"

饭后,满屋子立即充满了烟雾,马克思又愉快地钻到了书堆里去,开始对这个社会主义思想中心——法国的革命历史研究起来,并伏案给在巴黎出版的《前进报》写文章。

前面说了,《德法年鉴》编辑出版合同撕毁后,这对年轻人在家庭经济上第一次受困。后来,德国科隆的朋友为他们发起了募捐,很快给他们寄来了 1000 培勒和 800 法郎以补偿普鲁士没收的刊物的损失。这才使他们勉强摆脱了经济上的债务。

1844 年 4 月 30 日,马克思和燕妮在巴黎的好友——著名诗人亨利希·海涅因《前进报》的事垂头丧气地来到家里。

燕妮已卧床两天了,这对新人热恋的第一颗种子不安分起来。她不能同他们谈话。

琳蘅这时会立刻代替燕妮去招待客人。

这时,无论是马克思还是他的朋友在家中苦恼,琳蘅都会搬出棋盘来,自告奋勇地向对方请战,痛痛快快地"杀"一场。

诗人在这种和谐的家庭氛围中愉快地离开了。

"时候到了,快去找助产婆!"琳蘅在客人离开后高兴地告诉马克思。

马克思极兴奋地抚摩着燕妮圆滚的大肚子贴耳倾听孩子的声音。他跳起来,拍着手说:"孩子在叫爸爸了!"

燕妮甜甜地笑着。

1844 年 5 月 1 日,马克思家里又添了一个成员,小燕妮诞生了。这个小生命降临在家庭经济受困的非常时期。

正在这时,琳蘅站在厨房里束手无策,钱用完了,商人又不愿意对一个陌生的外国人赊销一点东西。但她却并不沮丧,她想到了自己的旅行袋,在她的换洗衣服下面还有几件从家乡带来的自己亲手绣制的纪念品:两种不同的绣花围裙。她细心地挑了一对送到当铺换了钱。

钱又换来了孩子的食品和主人的雪茄烟。

又同恩格斯见面

1844 年 8 月下旬的一天,恩格斯在从英国返回德国的途中,赶来巴黎拜访马克思。

站在马克思面前的是一个手里拿着大衣帽和手杖的黄发青年人,一对灰色的眼睛间隔得很开,目光是那么直率、好奇和勇敢,马克思好像是第一次发现来人的皮肤纯净白皙,有着一张亮丽善良的大嘴和两个大鼻孔,精心修剪着的栗色小胡子,淡褐色的浓发朝两边分开,鬓角连着长圆脸两边的窄窄的一圈络腮胡,肩膀宽阔,个子高而瘦,穿着非常讲究。

这对分别生有黑头发和黄头发的青年人,早在第一次见面后便开始了书信联系。马克思在恩格斯寄发的文稿中渐渐对这位"商人的儿子"刮目相看,也不免对第一次见面时的冷落深怀歉意。

恩格斯发现主人滚滚波涛般的卷曲黑发盖着极漂亮的前额,黑眼睛里射出的是十分动人的愉快目光,不见了第一次相会时的那种轻蔑、冷漠、让人心里极为不安的眼神。

一只黝黑、厚实的手和一只白皙、修长的手紧紧地握在一起。

这次见面,马克思有了一个家,一个刚刚在科隆朋友们接济下的家。马克思和全家人热情接待了这位又从远方赶来的客人,慷慨地拿出手里还清债务后所剩不多的钱,似乎要补偿他第一次见面时对这个年轻人的冷落。

琳蘅和燕妮忙着倒葡萄酒、端咖啡。马克思和恩格斯面对面坐着、谈着,谈话十分投入,连琳蘅过去倒那堆满雪茄烟蒂的烟缸时马克思也没有发现,马克思将冒烟的烟蒂丢在了放烟缸的桌子上。

恩格斯也是普鲁士莱茵省人,比马克思小两岁,1820 年 11 月 28 日出生于巴门的一个纺织工厂主家庭。他父亲是个笃信宗教、思想保守的资本家。恩格斯中学没有毕业就迫于父命去不来梅学习经商。他利用业余时间刻苦自学,研究历史、哲学、文学、语言学和外国语。早在中学时代就接受了民主主义思想的影响,在不来梅这个自由城市又广泛接触了国外的进步思想,1839 年他就开始为激进主义文学团体"青年德意志"的机关报《德意志电讯》撰稿,开始同封建专制制度和宗教蒙昧主义作斗争。他在《乌培河谷来信》一文中用耳闻目睹的事实揭露了封建专制社会的黑暗,批判宗教虔诚主义的伪善,谴责工厂主对工人的残酷剥削,深切同情劳动人民的疾苦。

1841 年 9 月,恩格斯去柏林服兵役,在柏林大学旁听哲学课时就结识了青年黑格尔派,积极参加了同唯心主义哲学家谢林的斗争,写了《谢林论黑格尔》《谢林与启示》《谢林——基督哲学家》三篇作品,揭露了谢林妄想使哲学再度变成"神学奴婢"的企图和为普鲁士专制制度辩护的反动立场。当时,他在费尔巴哈的影响下转向了唯物主义。

1842 年 11 月,恩格斯去英国曼彻斯特,到父亲入股的"欧门—恩格斯棉纺厂"的办事处工作。当时,马克思对他存有疑虑,认为他是"自由人"的同盟者。

恩格斯在资本主义最发达的英国生活了将近两年,从父亲身边看到并亲自接触了资本主义的各种尖锐矛盾,详细调查英国工人的生活和斗争,直至参加了英国的工人运动。他还深入研究了英国资产阶级经济学家和空想社会主义者的理论。在此期间,他从革命民主主义者转变成了共产主义者。正是在这个时期,马克思在巴黎、恩格斯在曼彻斯特不约而同地作出了科学共产主义的基本结论。恩格斯已经认识到:"社会经济关系在社会生活中起着决定性作用;资本主义社会一切矛盾的根源是私有制;完成解决这个社会基本矛盾的历史使命的力量是无产阶级。"马克思从恩格斯发表在《德法年鉴》上的两篇文章中,已清晰地看到了他的立场、观点,认为他是自己志同道合的战友。

这次,恩格斯在巴黎留居了 10 天的时间,马克思同他形影不离。短短的 10 天,马克思还介绍恩格斯认识了在巴黎的工人运动活动家,同时还带他一道参加了巴黎的工人社会主义革命者集会。10 天的倾心交谈,相互增进了了解。两人虽然各自走过的道路不同,但对一切重大问题的看法完全一致。于是他们制订了今后共同行动的计划。

10 天里,他们俩开始动手合作第一部著作——《神圣家族,或对批判的批判所作的批判 驳布鲁诺·鲍威尔及其伙伴》。恩格斯在马克思的家里就已完成了他分担写作的 7 节,约一个半印张。马克思在恩格斯离开巴黎后又花了三个月时间,完成了这本共 20 印张的著作。这部著作标志着他们共同创立科学共产主义理论活动的开始。

琳蘅给他们倒茶、倒咖啡时,总爱在他们畅谈的房间里停留一会儿,被他们越来越兴致高昂的气氛感染。这些日子,她也兴致勃勃、无忧无虑。她发现这位黄头发的客人不像其他绝大部分的流亡者那样身无一文,到这里来常常只是为了填饱肚皮;他完全不一样,他不仅给了她足够的钱采购食品,临别时还留下了礼物和一把法郎给他们做生活补给。

客人离开后,燕妮故意问马克思:"这就是那个你常跟我提起的'商人的儿子'弗里德里希吧?"

"这个弗里德里希可不是那个弗里德里希呀!"马克思高兴地擦着手掌说,他引出两个弗里德里希暗示出一个可恶的德皇而形成鲜明的对比。他又肯定地说:"恩格斯是一个很有学问的天才的著作家!他很可能成为世界上第一流的学者!"

这10天,马克思在恩格斯的记忆里也同样留下了深刻的美好回忆,恩格斯来信说:"我还从来没有一次像在你家里度过的10天那样心情愉快,感到自己真正是人。"恩格斯感受到马克思和他一家浓郁的生活情趣,备感马克思是个名不虚传的政治和学识了不起的人物,是他人生难逢的知己,他信中也预感到这位黑胡子博士是有能力给受剥削的无产阶级带来光明的……

到了比利时的布鲁塞尔

对马克思发表在《前进报》上的文章,德国政府又不安起来,他们同法国政府交涉成功。1845年2月3日,马克思接到法国政府的在24小时之内离开法国国境的驱逐令。

马克思不得不立即离开巴黎,并对家中的事情作出处理。

燕妮因特殊情况还需留在巴黎。

因钱的问题,马克思不得不十分难受地想到,钱只够把琳蘅送回她家乡的路费,还得暂时拖欠她的工资。为此,马克思和燕妮都感到非常难过。

当燕妮含泪告诉琳蘅他们不得不分离的时候,琳蘅却并未显出难过来,她很镇静,表面上看来是很乐意回到她的摩塞尔乡下去似的。

燕妮要琳蘅到当铺把自己陪嫁的一些银刀叉餐具当了,凑足盘缠让马克思尽快离开巴黎。

此后,马克思到了比利时的布鲁塞尔。

布鲁塞尔早就是西班牙所属的尼德兰的首都,自1830年以来一直是比利时的首都。当马克思到来的时候,布鲁塞尔已沉浸在浓雾中,高耸入云的大钟楼和许多小钟楼以及哥特式的市政厅,消失在灰白色的烟霭里。

这时,马克思已结束了《神圣家族,或对批判的批判所作的批判 驳布鲁诺·鲍威尔及其伙伴》一书的修改工作,手稿也已送交家乡莱茵河畔法兰克福的出版商。接着,又和巴黎的出版商列斯凯签订合同,出版两卷经济著作《政治和政治经济学批判》,但都还没有拿到稿酬。而除了这些稿费以外,他没有任何其他经济来源。

马克思正为身上摸不出几文钱而发愁。这时,他随手打开身边的笔记本,发现燕妮在其中一页上给他写好了该办的事情和一些建议。细心的燕妮知道丈夫整日忙于思考自己的问题,对家务事很不在行,用人又不在身边。

马克思拿着便条看了又看,想到钱已非常紧了,想起妻子、想起孩子……心里很不是滋味——这种流亡的日子简直像乞丐一般,但细心的妻子却写得如此周到又是那样的俏皮:

> 关于我装扮方面说几句话。今天早上我在商人沃尔费那里看见了许多新来的花边,如果你没法请别人给我挑选或是花贵价钱买的话,那么,亲爱的,请你让我自己去买吧。至少在目前我的确宁愿什么也别买,好把钱留作路费,亲爱的,我很快又会在你身边了,那时候就什么都一起去买了。如果是买上当了,那也是两个人一块儿难受。

可是,钱呢? 什么也不能安排了。

两个月了,还没能找到住房,还住在圣居杜尔广场12号布瓦索瓦日旅馆里。连坐落在丘陵峡谷中的住宅也找不到,虽然旅馆是低档的,但对于身无几文的马克思来说眼下也是一个负担。

一天,无望中马克思突然收到恩格斯寄来的钱和信,原来恩格斯一听到马克思被驱逐的消息,就立即进行了募捐。恩格斯还在信中写道:

> 因为我还不知道,这些钱够不够使你在布鲁塞尔安顿下来,不言而喻,我是万分乐意把我的第一本关于英国的书(《英国工人阶级状况》)的稿酬交给你支配的;这本书的稿酬我不久至少可以拿到一部分,而我现在不要这笔钱也过得去,因为我会向我的老头借钱。至少,不能让那帮狗东西因为用卑劣手段使你陷于经济困境而高兴。

马克思收到的,是恩格斯寄来的他的《英国工人阶级状况》一书的第一笔稿酬。他的手在颤抖,他把信看了一遍又一遍,泪水流进了胡须里,挂在黑色的胡须上,痒痒的,让那两片失去血色的嘴唇绽出了笑容。

马克思见有人进来,连忙掏出花手绢佯装刚吃过山珍海味,有滋有味地擦嘴、擦脸颊,见进来的姑娘却是琳蘅,心里有些吃惊。

"琳蘅,你怎么来了? 不是要你暂回摩塞尔乡下去吗?"

"我半路又转过来了。"琳蘅还有些羞怯地说,"我不想离开你们,燕妮还在巴黎,你一个人出走,身边没个人照料,我想你没日没夜地写起东西来,真会饿坏的……"

"好了,好了,我的好琳蘅!"马克思高兴地接受了她的要求。

"我一辈子跟着你和燕妮,没有钱,可以不付我的工资。"琳蕙高兴地看了主人一眼,又耷拉了头,红晕着脸,旋出两个朴素而美丽的酒窝。

"你帮我们料理家务,带孩子,是非常辛苦的,我们非常感谢你! 总觉得欠下你的工资不好意思,想让你先回去一段时间,我们自己克服着过,待我们经济状况好起来了一定请你来。"马克思向她解释一番,他不愿意让琳蕙心里委屈。

"燕妮知道你到这里来吗?"马克思问。

"她也不知道,我怕你们知道了不让我来。"琳蕙回答。

"哟,琳蕙呀,一个人来找我们马克思博士? 你不怕你燕妮姐说你吗?"毕尔格尔斯听他们俩在说话,进门劈脸说了句笑话。

满屋子爽朗的笑声。一段时间以来的拮据,真也难得有这样轻松愉快的笑声。

毕尔格尔斯同海涅一样,经常到巴黎马克思的家里聚谈,同琳蕙与马克思一样熟识。

在这个理志倾心相投的大家庭里,就正如马克思刚交稿付印的《神圣家族,或对批判的批判所作的批判 驳布鲁诺·鲍威尔及其伙伴》中所论说的:

> 有意识的生命活动把人和动物的生命活力直接区别开来。正是由于这一点,人才是类存在物。

这时,马克思又不由想到了比他大20岁的德国诗人海涅……童年时看父亲把海涅的诗歌奉作欧洲文明的"入场券";在中学、大学狂热的缪斯梦中追随着"通天神"的海涅;在巴黎,海涅几乎每天都要到马克思家里来走一趟,来布鲁塞尔前不久的一天,马克思和燕妮束手无策地只能看着孩子绝望流泪,海涅看着这对年轻的夫妇,看着在摇篮里抽搐的小燕妮,急中生智,用热水为孩子擦身,窘境中海涅又成了小燕妮的救命恩人。然而,这位恩人,包括海涅自己,竟谁都不知道他还是马克思母亲的远房亲戚。

马克思在极其困倦的时候,真正体验到了志同道合的这个革命大家庭的无限温馨。

琳蘅这个农民的女儿,也很爱马克思,爱他的为人,爱他山一般的男子气质,更爱他对事业的追求。同时,她也一样地爱着如同亲姐姐的燕妮。她自幼看着马克思夫妇相濡以沫,真诚相爱,看着他们苦苦等待了7年……这种环境似乎净化了这个本来就淳朴的农村女孩的心灵,只求这对圣洁的主人——好人一生平安,除此之外,她似乎已别无任何希冀。

在家务事上,琳蘅比燕妮强,比马克思更强。她于4月初找到了在巴什柯街35号的住宅,5月初又为主人在低廉的工人住宅区的同盟路5号找到了一所房子。

合撰《德意志意识形态》

由于搬家需要钱,燕妮廉价出售了家具和部分衣物,带着未满周岁的小燕妮从巴黎来到布鲁塞尔这个新的流亡地。

旅馆里,燕妮、孩子和马克思、琳蘅终于又团圆了。

这对年轻的夫妻热烈地拥抱后,燕妮看了看写字台上厚厚一沓《关于费尔巴哈的提纲》潦草的手稿,心疼地说:"卡尔,你瘦了!"

"让你一个人带着孩子,你也瘦了。"马克思抚摩着燕妮显得憔悴的脸颊,又在小燕妮的脸上轻轻地吻着。

眼看一家还住在旅馆里,连一张铺着厚羽绒的床都没有。

但是,全家人久别重逢的喜悦心情使他们忘掉了一切烦恼。燕妮同琳蘅相对含着泪花,紧紧地拥抱着。

燕妮到来的最初几天,马克思放下工作,带着夫人到风景优美的布鲁塞尔游览,从小小的胡同一直逛到郊区。这对年轻伉俪在美丽的绿色树林里徘徊,在绿草茵茵的田野里舒适地休憩,有时他们像孩子一样大笑。这些天,马克思就像小孩子一样喜笑颜开,因为他的燕妮又回到了他身边。

在散步的路上或在家里,马克思常常同燕妮谈论当前的形势。

马克思启发燕妮说:"你好好观察当前形势,世界上到处都在动荡,工人们再也不能忍受命运带来的更多灾难,工人们准备捍卫自己,反对工厂主和容克地主的剥削。工人们有充分的权利这样做。"

燕妮提醒马克思注意去年西里西亚纺织工人起义的事,她激动地说:"人们在那里加倍地剥削工人,有一定市场的投机家大批收买他们的商品,另一边是地主要求增加完全非法的租税,这是多么可耻的事。这个地区差不多竟有半数的居民因饥荒而死亡。"

"燕妮,我亲爱的,人们是不能用空想社会主义者所想象的方式去消灭剥削的。只有唯一的一条出路:无产阶级的一切力量在一个革命政党的领导下组织起来,推翻资产阶级的统治,建立自己的国家。这个政党本身必将是被压迫群众的领袖。"马克思本来与燕妮安静地对坐着,现在他站起身来,燕妮也畅谈己见,激昂地维护工人,真使马克思喜不自禁,他小步在房间里踱来踱去。

"那么燕妮,你懂得我的想法吗?你理解我的理论工作和我的革命活动是不可分开的吗?没有一个无产阶级的党是不可能改变社会关系的。"马克思又在房间里急速地来回走着。

燕妮牢牢地抓着马克思的短衣袖子,低声地说:"恩格斯很快就要来了。我想,你将在他身上找到一个比我更好的合作者。"

5月,恩格斯毅然离开他父亲的公司也来到这里住下了,恩格斯成了马克思一家的邻居。

来到新的流亡地,马克思于第二天就向比利时国王列奥波特一世递交了一份申请书,请求批准他居留比利时。为了得到批准,马克思拿出了出版商列斯凯签字的一份合同,并在3月20日写出了一张字据声明,表示不发表有关政治问题的文章,这样,才得到了定居布鲁塞尔的批准书。既然被禁止在德国和法国居留,那么,能在布鲁塞尔把家安置下来,马克思觉得也很不错了。

寓居布鲁塞尔初期,马克思由于和比利时政府签了协定,因此较少从事政治活动,而将大部分时间从事理论研究。他所进行的研究活动,目的只有一个,就是深刻反思"德意志意识",并论证科学社会主义和共产主义理论。为此,马克思刚到布鲁塞尔不久,就写下了《关于费尔巴哈的提纲》(以下简称《提纲》),这些提纲在3月的时候,也就是说,差不多在恩格斯完成了《英国工人阶级状况》这本书的时候起草的。《提纲》成了《神圣家族,或对批判的批判所作的批判——驳布鲁诺·鲍威尔及其伙伴》和后来一部著作之间的连接线。

马克思急于要研究并着手新的著作,他同恩格斯设法弄到了去英国的旅费,一块儿去了恩格斯在英国居住的地方——曼彻斯特。通过恩格斯的帮助,扩大了同那里工人的接触,深入研究英国工人运动经验,后又去了伦敦,同"正义者同盟"成员和宪章运动的领导人讨论国际民主联合会的可能。一个半月后返回布鲁塞尔郊区。马克思不顾出版商列斯凯的催稿,放弃了写作

《政治和政治经济学批判》，恩格斯也把写作《英国通史》的任务暂时搁置一旁，他们以《提纲》的"连接线"开始第二次合作，撰写《德意志意识形态》这部重要著作。

这个工人住宅区的一对邻居的灯光常常通宵长明。有时，恩格斯干脆同马克思同桌伏案，马克思写，恩格斯抄，恩格斯在抄的过程会直言不讳地提出一些问题来，这样，直接修订成正稿。恩格斯也会对马克思难以辨认的潦草字迹不时发出胜利者的喘息声，两人又相对会心地笑起来。马克思笑的声音很响亮，不仅家里人不能安睡，还不时惊醒工人们白天在工厂生活的一场场噩梦。

这对邻居合写的巨著，批判了费尔巴哈唯物主义的直观性和他的唯心主义历史观，彻底清算了青年黑格尔分子布鲁诺·鲍威尔和无政府主义者麦克斯·施蒂纳的主观唯心主义，深刻揭露了"真正的社会主义者"的假社会主义面目。第一次以比较完整、系统的方式阐述了辩证唯物主义的历史性和科学共产主义理论，完成了历史观上的一场革命。

5月完稿后，遗憾的是这部著作一直没有找到出版商，但马克思却幽默风趣地说："既然我们已经达到了我们的主要目的——自己弄清问题，我们就情愿让原稿留给老鼠的牙齿去批判了。"

1846年2月，马克思同恩格斯组织居住在工人住宅区的毕尔格尔斯、赫斯夫妇和塞卫斯提安、戴勒尔办了一个规模不大的德国通讯社，后来还来了几个波兰和比利时的朋友，其中有档案管理员日果。燕妮的弟弟埃德尔也成了通讯社成员，后来，威廉·沃尔弗（鲁普斯）也到这里来参加了通讯社，德国著名的空想共产主义者代表魏特林也来到了通讯社。

通过这个德国共产主义通讯委员会的努力，又很快在世界上许多地方发展成立了其他共产主义通讯社。

在马克思、恩格斯的领导下，布鲁塞尔共产主义通讯委员会逐渐成了当时共产主义运动的思想中心，提高了各国共产主义者和先进工人的思想觉悟，加强了他们之间的团结，在思想上和组织上为创立无产阶级政党做了准备。

第三章

撰写『共产党宣言』

29 岁的"老爹"

随着形势的发展,从 1846 年开始,马克思终于走出书房,参加各种社会活动,同非无产阶级思想作斗争,直接向工人宣传共产主义思想。

1846 年 3 月 30 日,马克思和恩格斯召集布鲁塞尔通讯委员会会议,讨论如何组织共产主义理论宣传的问题,会议在马克思的家里举行,参加者讨论出版《德意志意识形态》的事宜。

"凡是献身于改造劳动事业的人,必须了解彼此的观点,并制定一种共同的理论,作为那些没有时间或机会来研究理论问题的后继人的旗帜……"恩格斯谈了出版的目的和意义。

这时,魏特林这个德国空想共产主义代表却直言不讳地插了进来。他要求出版他的空想体系及其他一些教学方面包括新的语法书籍。

魏特林很快发现马克思的一对眼睛从黑脸、黑头发、黑胡须的地方射出两道谴责的光柱来:"魏特林,你在德国大叫大嚷地鼓动,请你讲一讲,你根据什么来证明你的活动是正确的? 你根据什么来确定将来的活动? "

魏特林是裁缝工人出身,德国早期工人运动的著名理论家、空想共产主义的主要代表,受"正义者同盟"委托,他写作和出版了《人类的现状和未来》和《和谐与自由的保证》,在盟员中产生了较大的影响。但由于他死抱住空想共产主义理论不放,又发展到了不顾工人运动宣传发动的大局,还堂而皇之地为自己开脱。

魏特林不是要创立新的理论纲领，而是要采用一种更有效的办法，像法国的经验所提供的那样，使工人们看清自己的可怕处境，识别执政者和各种组织对他们的一切不公平的言论，不要轻信后者的任何诺言，而要靠自己的力量建立民主和共产主义的社团。

　　魏特林还用激动得发抖的声音为自己辩驳说，像他这样一个为了正义、团结和兄弟般的互助而把数百人已经集合在一面旗帜下的人，不可能是头脑空虚的无用之人。他为了摆脱今天的困境和攻击，用回忆过去从各地寄来的几百封感谢信来安慰自己：他认为他的平凡准备工作也要比抛开苦难的人民来进行批判和空洞的理论分析更有助于共同的事业。

　　马克思听到魏特林的最后几句话时，气得再也忍不住了，使劲捶了一下桌子，桌子上的灯被震得直摇晃："无知从来也不能帮助任何人！"

　　5月11日，布鲁塞尔通讯委员会会上，马克思就克利盖的错误思想起草了《反克利盖的通告》，会上通过时只有魏特林一个人投反对票。

　　马克思在《反克利盖的通告》中指出，克利盖在《人民论坛报》上所宣传的观点不是共产主义。他所表现出来的倾向，采取幼稚而夸张的方式，大大地损害了共产主义政党在欧洲和美洲的声誉。他以"共产主义"名义所宣传的伤感主义梦呓，如果被工人阶级接受，就会使他们的意志颓废。

　　不久，这个坚持以爱情为基础、洋溢着情爱的、充满温情的共产主义报刊被迫停刊。克利盖和魏特林的那些拥护者在盟员中的威信大大降低。

　　1847年9月，布鲁塞尔成立"德意志工人协会"。马克思在布鲁塞尔成立共产主义者同盟支部和区部以后，积极参加和领导了布鲁塞尔民主协会的工作。马克思认为,在即将到来的欧洲革命中,无产阶级必须与资产阶级和小资产阶级民主派结成联盟,共同反对欧洲各国反动派。因此,他十分关心欧洲各国民主派的活动,并与英、法、德和瑞士等国的民主派建立了联系。

成立协会的当天,马克思因特殊情况未能出席大会,然而,会员们选举马克思担任副主席,由比利时民主主义者吕西安·若特兰担任主席。

欧洲革命形势日益发展,马克思开始登上向工人群众演讲的舞台。

协会安排星期三和星期天搞文娱活动的机会到"天鹅之家"去跳舞、演讲,协会会员的家属也参加活动,燕妮经常配合马克思做文学朗诵和参加一些演出活动,这一对夫妻以出众的才华和魅力吸引着整个晚会。政治活动和文学活动集于一体的"天鹅之家"一日日把马克思的威望、声誉推上了高峰。

1847 年 8 月底,马克思又组织了德意志工人教育协会,参加教育协会的有一百多人,主要是流亡布鲁塞尔的德国工人。马克思推举了威廉·沃尔弗担任协会的书记,他只兼协会各种政治问题的顾问。

马克思常常到工人的家中,了解工人的生活,关心工人的疾苦,探讨工人心底的秘密。

马克思的《关于自由贸易的演说》《雇佣劳动与资本》的演说在布鲁塞尔工人运动中先声夺人,引起了强烈反响。以后,这位 29 岁的黑狮子"老爹"出台演讲,场场爆满。演讲中,那种恰到好处的仰头、眯眼、抖须的细微动作和那铿锵雷霆般的声音,更为其独到的见解推波助澜……

台下的工人心潮澎湃,掌声不断,有些工人竟然乐意让人骑在自己的肩膀上,让自己头上的人喊出自己的心声——

"我的亲爱的！马克思老爹！"

"说出了我们要说的话！"

"马克思老爹！您才是我们工人的老爹！"

……

于是,这个29岁的年轻人,以其"马克思老爹"的称号在布鲁塞尔工人运动中传播开去……

全世界无产者联合起来

"我们不应只是用浩瀚的典籍使学术界获得新的科学知识,我们必须赢得德国的、全欧洲的无产阶级赞成我们的主张。只有这样,我们才能达到目的。"马克思同恩格斯说,他不再只是在书斋里工作,不仅仅是一个单纯的、书生式的理论家,他尽可能广泛地同工人们在一起。

马克思在布鲁塞尔的工人中听到了许多对于他的科学著作有益的东西,无产阶级对于现行法律和劳动关系的不满给了他很多启发,工人们正义的愤怒,不断地给予他从事工作的新力量。

马克思和恩格斯都同时意识到了全世界无产阶级联合起来的伟大历史时期的到来。

他们注意同革命团体和组织,同英国宪章运动和法国社会主义者取得广泛的联系。马克思当选为布鲁塞尔民主协会的副主席,他们影响着"正义者同盟",而又确实不干预同盟内部的事务。

这个时候,"正义者同盟"已经认识到它本身政治上的不足,便于 1847 年 1 月 20 日派遣同盟的一位重要代表莫尔来找马克思。"我是代表我们的盟员来的。"他比平常略略谦虚地说,"我们深信您的见解正确,也同样深信有必要使同盟从旧的、密谋的传统作风和形式中解放出来,如果您加入同盟事务的领导,您就有机会在同盟大会上把您的批判性的共产主义写进一个《宣言》中去,这个《宣言》将作为同盟的正式宣言公布,然后我们也促进用一个新的、合乎时代和目的的组织去代替同盟的旧组织。"

马克思听到这个消息后非常愉快,他立即写信给正在巴黎逗留的恩格斯,把自己的想法告诉他。

晚上,马克思同燕妮交谈。燕妮现在已经成了他不可缺少的工作助手,她为马克思缮写潦草的手稿、审阅校样,有时也替马克思处理来往信件。这些工作要求有比较熟练的外交才能和对复杂的政治关系的认识。但是她当时在她丈夫的所有工作中都显得很干练,很乐意并胜任这些工作,正如她自己说的:"我坐在卡尔的小房间里,抄写那些潦草不清的文章的日子,是我一生最幸福的时候。"

"这并不奇怪吧!"马克思说,"我们至今对同盟的所有指责现在连它的盟员自己也认识到是缺点了,他们要求我和恩格斯帮助进行改组呢!"

马克思十分高兴地拥抱着燕妮,又默默地握着妻子细嫩的手,然后低下头吻那柔软、纤细的手指。

往往这时,马克思又像第一次凝视面前这位美丽的姑娘。燕妮的美赋予他丰富的想象,又成为少时他给妹妹讲的童话里的美丽公主和仙女。

那庄严的美使马克思想起了古希腊的女神,同样光洁的额头、坚毅的浓眉、端庄的鼻子。在马克思的一生中,没有一天不为这个形象所激动,不把这个形象深藏在心里,当他心里高兴的时候或完成一部著作的时候,妻子的美更在他心目中升华。

马克思留在布鲁塞尔开展组织活动,恩格斯则留在巴黎开展活动。

伦敦位于泰晤士河畔,是座有无数街道和许多桥梁的喧嚣城市。就是盛夏的时候,它也沉浸在朦胧大雾之中,街道在红砖建筑物中黯淡无光,那座蜿蜒的滑铁卢大桥好像伸向无尽的远方。

伦敦议院尖塔上大钟深沉的钟声,从隐约可见的钟塔传到大街,越过泰晤士河。

5月初的一天,恩格斯和威廉·沃尔弗从巴黎赶到这里参加正义者同盟第一届代表大会。

威廉·沃尔弗是代表马克思所在的布鲁塞尔支部来的,马克思因家庭经济上的困难而没有参加这次大会。他一再写信告诉恩格斯,"有你们俩去参加会议,我就什么都放心了!"

大会之前,当他们还在伦敦大街上一起赶路的时候,恩格斯对威廉说:"必须抛弃那些隐蔽活动时代就形成的神秘作风,同盟的目的是推翻资产阶级,建立无产阶级的统治,消灭旧的以阶级对抗为基础的资产阶级社会,建立一个没有阶级、没有私有制的新社会,这一点,我同马克思是一致的。因此我们必须尽一切努力,使它以这个形式写进章程的第一条!"

威廉这时也是马克思忠实的合作者,他点头表示同意:"用不着操心,就我们所理解的同盟盟员的心情,我们是不会有困难的,他们早就看出马克思是正确的。"

恩格斯自始至终参加了大会。大会讨论了新的章程,正义者同盟改名为共产主义者同盟。

代表大会以民主的方式进行了选举,并且规定对那些搞阴谋诡计企图置同盟于其独裁之下的人,随时撤销其代表资格,新章程提交各个支部审核、讨论，以便在第二次同盟代表大会上通过。这次改组同盟和讨论制定新的章程已标志着世界上第一个共产党的诞生。

第一次代表大会期间，马克思抓紧《哲学的贫困》脱稿，有力地回击了普鲁东的"贫困的哲学"观点。

7月初，《哲学的贫困》正式出版。

7月27日，恩格斯从巴黎赶到布鲁塞尔和马克思研究共产主义者同盟的问题。

8月5日，布鲁塞尔成立了共产主义者同盟的支部和区部委员会。马克思当选为支部主席和区部委员会委员。

终于，在1847年11月的最后几天里，马克思在思想上和经费上都有了较充足的准备，他和恩格斯分别由布鲁塞尔和巴黎去了伦敦。

共产主义者同盟的盟员们请马克思在代表大会上亲自阐述他的新理论。

持续10天的整个代表大会期间，马克思成为引人注目的人物，他的论战性著作《哲学的贫困》，在学术界、在二次代表会议上引起了很大的震动。

马克思和恩格斯受代表重托，负责起草共产主义者同盟的《宣言》。

12月天气沉闷而阴暗，从北方和西北方来的风暴袭击了比利时全境，随后伴之而来的常常是大雨。

连日来，29岁的马克思又从不间断地坐在写字台旁写作。他在布鲁塞尔的住房很窄，隔壁房里燕妮与他的第二个孩子小埃德加尔在啼哭，3岁半的小燕妮常和父亲闹，问这问那。马克思没有工夫理会这些可爱的孩子们，卷一支雪茄烟，抽了又灭，灭了又抽，抽完一支烟，差不多在写字台上丢下了一盒的火柴梗。写得连划火柴也抽不出时间就干脆一个劲地抽那并未燃着的雪茄。

马克思一直在详尽地重新思考《宣言》的各个方面。在他的脑子里浮现出一种想法，即一定要用热情的文句广泛地阐述他的学说。

《宣言》的段落安排虽然已经写在纸上，但在开始起草之前，马克思还是重复审核和权衡。他写信给再度留居巴黎的恩格斯，告诉他自己的写作计划。过了些时候，他收到了回答：

> 请你把《信条》考虑一下。我想，我们最好是抛弃那种教义问答形式，把这个东西叫作《共产主义宣言》……我将把我在这里草拟的东西带去，这是用简单的叙述体写的，但是校订得非常粗糙，十分仓促，我开头写什么是共产主义，随即转到无产阶级——它产生的历史、它和以前的劳动者的区别，无产阶级和资产阶级之间的对立和发展、危机、结论，其中也谈到了各种次要问题，最后谈到了共产主义者的党的政策……

马克思于次日早上动笔起草，当晚写完了《共产党宣言》的引言：

> 一个怪影出现在欧洲——共产主义的怪影……

接着论述了资产者和无产者、无产者和共产党人、社会主义和共产主义的文献以及共产党人对各种反对党派的态度。在这个国际共产主义运动的第一个纲领性文献中，马克思、恩格斯着重论述了阶级斗争学说，这也是贯穿全书的一条红线。最后则提出了无产阶级国际主义的战斗口号"全世界无产者，联合起来！"代替了"正义者同盟"的旧口号"人人皆兄弟"。

革命爆发

第一次印刷的《共产党宣言》刚刚发行。

1848 年 2 月下旬的一天，马克思像挥动旗子似的舞动着一份报纸，高兴地来到燕妮面前。这是一份巴黎律师赖德律·洛兰自费出版的小资产阶级民主主义的报纸，名叫《改良报》。

"《改良报》带来了一份详细的报告，"马克思激动地说，"我在《共产党宣言》中所抨击过的一位最恶劣的警犬大臣基佐被推翻了！愤怒的工人、学生和小市民举行了起义，国民卫军拒绝效忠国王路易·菲利普，参加了起义。工人们武装起来，释放了犯人，筑起了市街栅寨，与国王的军队发生了冲突。工人们被枪杀、人民举起火把向遇难者致敬，号召武装起来！"

巴黎大街上的人民高呼"Vive La Repebliqie!"（共和国万岁！）"改革万岁！"和歌唱《马赛曲》的沸腾声就像一阵阵潮水从马克思的耳际飞过。

马克思在弹簧矮椅上坐下，让燕妮读报的时候，他在想象着未来的一切，大部分的资产阶级，首先是工厂主反对 1830 年的"六月王国"、反对银行家的统治。他们要求扩大选举权，参加政府。

马克思自问："那么德国呢？这个不幸的国家，它不统一，四分五裂，政治和经济被束缚，处于瘫痪，还一直处在诸侯的羁绊下。"

"普鲁士的工人将会照巴黎工人的样子做！"马克思满怀信心地说，"啊，燕妮，要是我现在在巴黎该多好啊！"

过了几天，人们知道巴黎的工人们摧毁了国会、兵营和土伊勒里宫。国王逃到英国，他的宝座被当街焚毁了。资产阶级自由主义的临时政府被迫宣布成立共和国。

巴黎的革命使马克思非常激动，他和他的战友们很久以前就已经预见到有朝一日人民群众将坚决起来行动，并开始摇撼反动秩序的支柱。

"这一天已经到来！"

"革命的暴风雨已经来临！"

资产阶级革命风暴几乎席卷了整个欧洲。

法国、德国、匈牙利、波兰、捷克、意大利、英国和爱尔兰等地都开始点燃战火。

在比利时，当资产阶级同国王进行谈判时，国王把军队集结在首都周围，人民群众敢于徒手同反动武装交锋。比利时政府特别致力于向住在布鲁塞尔的外国人主要是德国工人和政治流亡者进行挑衅，不分青红皂白地把威廉·沃尔弗逮捕，肆意虐待驱逐出境。

面对革命的大风暴，在布鲁塞尔的德国流亡者不管是共产主义者还是民主主义者，都和比利时的民主派紧密地团结在一起，共同行动。

几天前，马克思才从父亲的遗产里获得一笔钱，他和燕妮立刻拿出几千法郎去武装布鲁塞尔徒手参战的工人，尽管他们经历了多年穷困生活之后才刚刚有希望在物质上得到一些保障。

在伦敦的共产主义者同盟中央委员会鉴于形势的变化，决定把中央委员会的权力也移交给布鲁塞尔区部，以便及时指导欧洲大陆的革命，于是在布鲁塞尔成立了新的中央委员会，马克思直接领导中央委员会的工作。

　　马克思通过共产主义者同盟支部、德意志工人协会和布鲁塞尔民主协会进一步积极开展活动，组织发动群众，迎接日益逼近的革命风暴。民主协会由过去的每周一次集会改为天天集会，并通过决议要求市政当局建立一支有工人和手工业者参加的武装力量。

　　2月28日，民主协会给法兰西共和国临时政府发出贺信，祝贺法兰西民族完成的功绩，并感谢它为人类所做出的伟大贡献。

　　3月1日，法国临时政府委员斐迪南·弗洛孔以法国人民的名义邀请马克思去巴黎。他在来信中说："勇敢而正直的马克思：法兰西共和国是所有自由之友的避难所。暴政把您放逐，自由的法兰西向您、向所有为神圣事业和各国人民的友好事业而斗争的人们敞开着大门！"这正符合马克思的心愿，马克思早就渴望奔赴革命斗争的中心地了。就在马克思接到这一邀请函的3月3日同一天傍晚，比利时警察当局通令把马克思在24小时内驱除出境。

　　当夜，共产主义者同盟中央委员会在马克思家召集紧急会议，会议委托马克思到巴黎去成立新的中央委员会。

　　会议刚散，警察闯进了马克思的住宅……

无国籍者被捕引起国际轰动

　　1845年流亡比利时的9月间，马克思以其曾学习法律的敏锐对自己的政治流亡实施保护措施。

　　马克思向特里尔市市长赫尔茨请求给予他一张"侨居北美的政府许可证"。为防万一，他还确切地说明了在服兵役问题上他完全没有问题。

市长不愿意独自作出决定，便把马克思的这一请求转交给内务部，由三个顾问共同考虑。他们研究了马克思的案卷以后，认为可以利用他的这次请求，一劳永逸地摆脱这个危险人物。此外，他们还指出，此事不能拖延：报界已经为马克思离境的事闹过一次，这次可不要再掀起新的风波了。

内务部官员们惧怕这位已离境的当时还只有29岁的公民。政府注意到了顾问们的考虑，对这位"危险"青年的请求以不再是普鲁士公民作为条件准许他出国。

这样一来，马克思就失去了国籍。他从未想过要侨居北美，只不过是想保护自己在国外的政治活动中不受普鲁士政府的迫害而已。

然而，对这个失去了国籍的政治活动家，普鲁士政府依然恐惧他在本土的影响力，一直注视着他在国外的活动，欧洲革命爆发、德国战火点燃时，就正如燕妮预见的："当时德国工人认定，他们必须拿起武器的时候到了，他们得到了短剑、手枪等。马克思很乐意为此拿出钱来，恰好当时他刚得到一笔遗产，政府认为这一切是阴谋、犯罪的打算，因为马克思拿到了钱，买了武器，这就是说必须把他弄走。"

于是，普鲁士政府及时伙同比利时政府，企图赶走这个政治危险人物，使他一家老小无生存落脚之地。尤其是燕妮，她想到自己的那位已在普鲁士政府出任大臣的哥哥，心里在流血、流泪。

然而，"奇迹"也就这么发生了！

马克思收到了比利时政府的驱逐令：

卡尔·马克思务必在24小时内离开比利时国境。

很快,马克思又收到了一张法国临时政府委员会恭请马克思一家侨居巴黎革命中心的邀请函。后者,还是以法国人民的名义邀请的啊!

比利时政府关于马克思的驱逐令发出后,警察当局却将其中 24 小时的权利也剥夺了。

3 月 3 日傍晚 5 时,马克思接到了在 24 小时内离开比利时王国的命令。当天夜里,他正忙着准备出发,突然一个警官带着 10 名警察闯进他的住宅,搜查了整个房间,最后以没有身份证为借口,逮捕了马克思。他们在逮捕马克思几小时后又将燕妮也逮捕了。

马克思非常气愤! 第二天被释放后他立即奔赴巴黎,向《改革报》揭露了布鲁塞尔警察当局的这一卑鄙行径:

> 编辑先生,我的被捕和遭到的犯罪对待甚至在奥地利都是难以想象的,否则我也不谈这些了。
>
> 我被捕后,我的妻子就立刻去找比利时民主协会主席若特兰先生,请他采取必要的措施,当她回到家里的时候,在门口碰见了警察,后者彬彬有礼地告诉她,如果她想和马克思先生谈话,请随他走。我的妻子马上就接受了这个建议。她被带到警察局,警官一开始就对她说,这里没有马克思先生,接着就粗暴地审问她,问她是什么人,为什么到若特兰那里去,她是否持有身份证。陪她一起去警察局的比利时民主主义者日果先生对警察提出的这些荒谬而无礼的问题表示愤怒,但警察禁止他说话,把他抓起来送到监狱里去。他们以游荡为名,把我的妻子送进市政厅监狱,和妓女一起关在阴暗的牢房里。次日上午 11 时,一队宪兵在众目共睹之下把她送到侦讯室,不顾各方面的坚决抗议,把她拘留在禁闭室达两小时之久。她在那里忍受了严重的侮辱和

宪兵极其可恶的对待。

　　最后,当她站在侦讯员面前时,侦讯员对勤勉的警察就差没有把孩子们也一起逮捕表示惊奇。审讯可能是纯粹形式主义的:我的妻子的全部罪名就是她虽然出身于普鲁士贵族,却赞成丈夫的民主信念。关于这件令人愤怒的事情的全部细节,我不想再谈了。只告诉你一点,当我们被释放时,24小时的限期已满,我们不得不立即离开,连最必需的东西也没有来得及带走。

　　巴黎群众见报后引起了轰动:"为马克思先生一家讨还清白!"……

　　呼声很快传到了比利时,布鲁塞尔的工人群众甚至整个比利时的群众,四处掀起了讨伐布鲁塞尔警察的浪潮:"为马克思老爹申冤报仇!""还马克思老爹一家清白!严惩逮捕无辜的警察当局走狗!""为马克思老爹雪恨!"……

　　讨伐的群众震惊了比利时国会,国会终于答复群众的要求——逮捕马克思和他的妻子的警长被立即撤职。

从阴谋的间隙中向祖国输送"新武器"

　　柏林起义,马克思看到了工人、农民的革命力量,又对资产阶级背叛人民的愿望深感愤慨。

　　3月8日马克思到达巴黎,当天晚上,他就在巴尔贝斯领导的人权和公民权协会的中央俱乐部发表首场演说。

　　马克思又同相识的临时政府委员们作通宵长谈,第二天又同一些政治流亡者取得联系。

这时,沙佩尔、莫尔、亨·鲍威尔、威廉·沃尔弗和瓦劳也先后到了巴黎。3月10日,马克思和他们组成了共产主义者同盟新的中央委员会,马克思当选为主席,沙佩尔担任秘书,其他几个担任委员。恩格斯暂留在布鲁塞尔,他也被选为委员。为了加强同各区部的联系,他们又马上在巴黎组织了德国工人俱乐部。

为了马克思的安全,法国临时政府委员的朋友——警察局局长马尔克把马克思一家从博马舍林荫大道上的泽尔夫人的公寓,迁到警察机构办公的地点——格腊蒙街1号"曼彻斯特"饭店住下来。

马克思除领导同盟中央的工作,还利用德国工人俱乐部组织了两个协会,成员多达4000人,他们对统一德国的问题都积极主张采取革命暴力行动,但内部分歧意见较大。

诗人格奥尔格·海尔维格号召建立和武装义勇军,支持不久前在柏林爆发的起义。许多人报了名,队伍也在孟索平原上开始了练兵活动。

在这种如痴如醉、晕头转向的情况下,马克思保持着冷静、清醒的头脑,他力求把一切问题都通通考虑好,把一切问题都弄清楚。他反对海尔维格的冒险行为,并且预见到了这种行为的后果。他懂得,柏林起义只不过是部分工人先锋队的战斗,还不是革命本身的大规模的展开,无产阶级和资产阶级的斗争还在以后(后来才有巴黎的"六月起义"),而目前的斗争是争取民主共和国,能否成功,还要看整个无产阶级是否参加这场斗争。

马克思同恩格斯商定以后,开始拟定《共产党在德国的要求》(以下简称《要求》)——德国建立民主共和国制度的纲领。马克思用父亲遗产的钱以传单的形式刊印出《要求》。

他们在饭店及咖啡馆里召开一系列的集会,向工人们介绍纲领。

为了避免力量过于分散,马克思建议巴黎的德国工人要和法国工人站在一条战线上。马克思坚信,巴黎的运动一定会巩固发展,只有到那时它才能影响其他国家,席卷整个欧洲。

然而,分歧仍然难以统一。

马克思当然主张采取坚决行动,但是这些行动必须是周密考虑、细致准备的。他并没有疏忽以拉马丁为首的临时政府的委员会,是多么愿意甚至高兴接受海尔维格关于组织德国义勇军的倡议,也注意到了他们决然匆忙地把义勇军送出边境。马克思看穿了,这是以拉马丁为首的法国资产阶级临时政府,图谋摆脱那些可能成为巴黎无产阶级同盟者的革命分子。

拉马丁假仁假义,早就作了如此算计:普鲁士政府有足够时间的准备,在海尔维格的义勇军渡过莱茵河之后,第一次战役中,义勇军就全被击溃。

4月1日,拥护马克思的共产主义者同盟成员,接受马克思的命令,也通过费洛孔委员的帮助享受和义勇军同样的优待,他们与义勇军大部队活动截然相反,单个分头行动,各人身带的武器不是长枪、大刀,而是《共产党宣言》和《共产党在德国的要求》,这样,400余人悄悄地平安回到了祖国。

《共产党宣言》第二次印刷的1000本正好于3月20日运到巴黎,和印成单行本的《共产党在德国的要求》,由流亡德国的工人将这批“新式武器”带回德国,于是,“新武器”在各地工人革命运动甚至柏林的起义余火中“炸”开了花……

《要求》根据《宣言》最后一章中向德国共产主义者提出,把《宣言》中的战略和策略上的指示具体运用到革命创造出来的新的环境当中。

《要求》的开头就提出了这样的口号:“全德国宣布为一个统

一的、不可分割的共和国。"

《要求》阐述了人民建立一个统一的民主共和国所必须实行的措施。这些措施包括：

> 凡年满 21 岁的人都有不受限制的选举权和被选举权；发给人民代表以薪金，使工人也能出席德国人民的国会，而最重要的是代表全体人民，以便能够用人民的武装力量去压倒反革命；彻底改革教育制度和司法制度，以保证每个德国人都有受教育的平等机会并在法律面前人人平等。

《要求》提出无偿地废除一切封建义务，无补偿地把一切大地产收归国有。

《要求》提出把矿井、矿山、私人银行和一切运输工具收归革命民主主义国家所有。

《要求》提出建立国家工厂，国家保证所有的工人都有生活资料，并且负责照管丧失劳动能力的人。

……

17 条要求为德国资产阶级革命所面临的各种问题作出了回答。

这个纲领最后这样极具鼓动力地呼吁：

> 为了德国无产阶级、小资产阶级和小农的利益，必须尽力争取实现上述各项措施，因为只有实现了这些措施，一直受少数人剥削并且今后还有可能受少数人压迫的德国千百万人民，才能争得自己的权利和作为一切财富的生产者所应有的政权！

回国的共产主义者，受马克思和中央委员会的委托，迅速到各地加强同盟的现有支部，创建新的支部，并在同盟地方支部的外围成立政治性的工人联合会。在这些工人联合会中,他们按照《宣言》和《要求》的思想开展活动,充分利用在斗争中赢得的具有民主性质的自由,把为数众多的地方性工人组织联合起来,组成一个全德意志的工人政治组织。

马克思组织多数流亡工人动身回国之后,从警察局长科西迪耶尔那里领取了法国护照,马克思和恩格斯也焦灼地离开巴黎,回到了阔别 6 年的祖国。

人民拥有了"新式武器",沸腾的革命热情扑面而来。

"而立"的《新莱茵报》主编

春天又来到了这座古老的、有很多尖塔和狭长胡同的莱茵城。城外的花园和果园里,修饰整齐的灌木,在樱桃花丛中间闪耀着淡黄色的光辉。

"我们暂且对我们在美因兹的工作满意,"马克思在同他的朋友乘车去科隆的途中说,"我们号召德国所有的工人组织工人协会是正确的,在这个协会中,我们可以给工人极大的支持,直到我们有能力建立工人阶级的独立组织为止。"

车夫愉快地挥鞭策马,发出清脆的响声。两匹黑马,一片蹄声,嗒嗒向前。

"但我们在科隆将不会很容易,就我所知,这里的工人居然听信一位医生戈特沙尔克的话,说他正在要求建立工人共和国。多么无聊!"

"他们没有正确理解《共产党宣言》,"恩格斯答,"这就靠我们同革命的资产阶级共同为反对君主政体和封建土地占有制而斗争,并且同时创造社会的和政治的条件,以便推翻反动的阶级之后能够立即开展反对资产阶级的斗争。"

马克思点头表示同意,他眺望着别墅前的花园,像沿途到处看到的一样,那里绿草如茵,百花盛开。

"弗里德里希! 春天是个美丽的季节,可惜工人们能够享受的不多,他们从清晨到深夜在工厂里做工,只有睡眠的几小时才能稍稍舒展眉头。"马克思点起一支雪茄,目送着雪茄的烟柱被柔软的春风吹散。

马克思、恩格斯、德朗克三人一同回国后先到达美因兹。考虑到科隆的《拿破仑法典》仍在起作用,比德国其他地方享有较多的言论、集会和结社的自由,加上这里的工业比其他地区发达,工人在人口中所占比例较大,是工人运动的中心。因此,他们又一同转至科隆。

到达科隆后,他们立即着手做两件事:一是筹办一份日报;二是建立一个全德工人党,以推动这次革命。为了完成第二项任务,同盟的主要盟员分赴德国各地,在不少地方迅速建立了工人联合会,原计划在这些工人联合会的基础上建立一个政党,但由于德国无产阶级大多数觉悟不高,还认识不到成立一个自己的、不受资产阶级影响的独立政党的必要性,这项任务未能完成。而几百个盟员分散在德国各地的广大群众中,依靠秘密通信和派遣特使联系已不能直接地指导各地的斗争。这就更加强了马克思创办日报的想法,各地的工人联合会也为日报的出版、发行打下了基础。

这位 6 年前的《莱茵报》主编,因他的激进而使《莱茵报》被查封。为了《莱茵报》的存在,他主动放弃了好不容易找到的一份工作,沦为流浪汉。可是,自己的退却,并没能挽回报纸的命运,报纸终被停刊。

都失去了! 母爱失去了,连父亲的遗产也几乎失去了! 去荷兰姨父家想沟通母亲的感情也无济于事,得不到家里一文钱的接济……

但人生中往往是"有失必有得",在那走投无路的时候,相思了整整7年的燕妮终于得到了她母亲的支持,同意与正处于困境的马克思博士结婚。

蜜月里,既为双方家庭环境所迫,又为当时的革命中心——巴黎所吸引,这对年轻人毅然走向了流亡异国他乡寻求革命真理之路……

6年过去了,马克思又回到了科隆。几多寒暑辛酸不说,带回了三本书,也带回了三个孩子,还怀揣着一笔尚有剩余的父亲的遗产。

"那位黑狮子年轻主编回来了!"

"一位曾在这里被赶跑了的主编又想要在这里办报纸,要恢复他原来失去的那份报纸……"

很快,马克思的住宅又像在巴黎一样成了这里的革命者聚会之所。

创办报纸遇到了异乎寻常的困难,首先是缺少必要的现金,因此中央委员会派到德国各地建立同盟新支部和创办工人协会的特使,也都在努力为报纸筹集资金。但工人们和无产阶级化的手工业帮工手里没有钱,至于那些拥有资财的自由资产阶级,当然谁也不会把资金交给这位撰写过许多无产阶级战斗性著作的原《莱茵报》主编,供他创办一份革命民主主义的机关报。

在乌培河谷有很多朋友和熟人的恩格斯,招股也没有大的起色,他在给马克思的信中说:

> 很遗憾,认股的事,在这里希望很少。……问题的实质

是,在这里甚至连激进的资产者都把我们看成是他们未来的主要敌人,不愿意把武器交到我们手里,因为我们会很快地把它掉转头来反对他们自己。从我的老头那里根本什么也弄不到……他宁愿叫我们吃千颗子弹,也不会送给我们一个塔勒。

办报所需要的流动资金估计要3万塔勒,这些资本原来打算按50塔勒一股招认,但到5月底,认股总数只有1300塔勒。

马克思又从父亲的遗产中拿出3000塔勒,并尽可能收取订费;恩格斯从父亲给的生活费中挤出了几百塔勒,千方百计找人认了14股,总共筹集到了1.3万塔勒,暂时勉强解决了出版报纸的资金问题。

报纸取名为《新莱茵报》,是因为一方面表示同过去马克思主编的《莱茵报》有继承关系,一方面加上"新"字以说明两者之间有差异,报纸的副标题是《民主派机关报》。

报纸原设想在7月1日出版,由于革命形势发展迅速,反动派迫害的步伐也在加快,马克思决定报纸提前出版。从6月1日就开始出报。5月31日晚《新莱茵报》创刊号排版印刷完毕。报贩们来到编辑部,取走刚印好的报纸,立即分送到科隆全城,马克思渴望已久的无产阶级宣传武器《新莱茵报》终于诞生了。

在报纸的编辑部里,马克思任总编辑,编委会的成员是恩格斯、维尔特、德朗克·斐·沃尔弗、毕尔格尔斯、威廉·沃尔弗,威廉·沃尔弗兼任秘书。马克思的工作量非常大,他要拟定报纸每天的编排计划,撰写社论,同国内外的通讯员联系,选用他们送来的消息,编审大部分稿件,同国内许多进步报刊交往。除了保证每天按时出版,还要经常出版号外和传单,并设法把它们散发到莱茵省和其他地方。此外,处理报纸的财产也要花费他不少时间,同当局和反动势力的威胁与纠缠、同自由派报刊的诽谤等作斗争,也耗去了许多精力。总而言之,马克思是编辑部的灵魂。恩格斯说,马克思的任何决定,"对我们来说是理所当然毋庸置疑的,所以我们大家都乐于接受它"。

《新莱茵报》从创刊号直到最后一号,始终都忠实地遵循自己的政治纲领,国家统一、民主、共和的社会主义思想像一条红线一样,贯穿在每一期《新莱茵报》上。

由于《新莱茵报》始终坚持把民主革命进行到底和支持一切民族的解放斗争,赢得了广大人民和坚定的民主派的信任。3个月内它的印数就达到了5000份,这是当时德国极少数几家报纸才能达到的数字。同时它鲜明的政治立场也自然引来了德国封建势力和大资产阶级的敌视和迫害,创刊号的文章激烈反对资产阶级议会这个"清谈馆"的行径,使一半资产阶级股东退出,剩下的一半股东由于马克思坚决支持巴黎工人"六月起义"也全部退出了。7月6日科隆法院传讯马克思,控告他侮辱国家官吏和警政人员,搜查了报纸编辑部。8月初科隆警察厅通知马克思,科隆市政当局不承认他是"普鲁士臣民",妄图再次把他驱逐出境。9月26日科隆实行戒严,《新莱茵报》同其他民主派报纸被勒令停刊。

马克思、恩格斯和他们的战友经过种种努力,使报纸于10月12日复刊。11月14日马克思再次被法院传讯。1849年2月初,普鲁士政府又接连两次控告马克思危害国家。马克思在法庭上义正词严地为《新莱茵报》的文章进行辩护,无情地揭露政府的种种无耻的迫害。1849年5月,普鲁士反动政府相继镇压了德累斯顿、爱北斐特等地的人民起义后,又立即把刺刀对准了《新莱茵报》……

在被告席上

普鲁士政府又起诉马克思,法院传讯马克思出庭。

马克思、沙佩尔和施奈德尔都一起在呼吁书上签过名,现在他们正走在去陪审官裁判所的路上。

尽管风雨交加,但他们三个人精神饱满,坚定地要陈述呼吁书上的每一句话,毫不畏缩。

在宣读起诉书和检察官讲话之后,马克思发了言。

陪审官在马克思第一段话之后就已经抬起头,注视着这位民主主义者的"商人"。他曾经读过这位《新莱茵报》主编的文章,现在则在法庭上面对面地相见了,马克思的勇敢和激情给了他很好的印象。其中一位陪审官是大酒商,他坐在陪审官的弹簧椅上,开始有些不自在起来,被告刚才说了些什么呢?

"国王实行了一场革命,他推翻了现存的法律制度,他不能诉诸被他自己可耻地踩躏了的法律!"

在那位大酒商打算考虑上面的话之前,他已经被最后的几句话慑服了:"这是一种怯懦的法律伪善!诸位先生,你们一定不会用自己的判决来批准这种伪善的。""我完全无法理解,检察机关怎么还敢根据已被王权本身踩躏了的法律来控告我们!"

马克思发现好像陪审官要站起来退庭,但是他的抗辩还没有结束,他正要用更加有力的证据回击他们,这些证据无可辩驳地、简单明了地揭露了控诉书的违法行为——

查理一世不止一次地获取胜利,但是,到头来还是上了断头台。诸位先生,谁又能向你们担保,现任内阁以及过去和现在都是现任内阁手中的驯服工具的那些官员,将来不会被本届议院或它的继承者宣判为国事犯呢?

这位大酒商因惊悸而畏缩起来,"国事犯"这个词对他来说好像是被抽了一鞭!一个被告用这种大无畏的精神控告当权的容克地主和他们的内阁官员,这在法庭上还是第一次!

诸位先生!检察机关的代表企图用4月6日和8日的法律来论证他的控告。我曾经不得不向你们证明,正是这些法律会取消对我们的控告。但是,不瞒你们说,我过去从未承认,而且将来永远也不会承认这些法律。对于人民选出的代表来说,这些法律从未发生过效力,更不用说给三月革命指出道路了。

政府接二连三地采取暴力行动。它肆无忌惮地违反极重要的法律,它在戒严的幌子下任意实行无限制的军事专制。它甚至把人民代表本身都给赶跑了。而当一方蛮横无理地违反一切法律的时候,却要求另一方甚至最严格地遵守会议规则!

当现代社会还没有摧毁和消灭旧社会赖以强行保全自己的那种正式的遗留下来的权力以前,当它还没有摧毁和消灭这个社会的国家权力以前,它是不可能高枕无忧的。天赋王权的统治——这也就是过时的社会成分的统治。

检察官聚精会神地做记录,他多次停笔去考虑被告的为人。站在检察官面前的是像他自己一样的一个大学生,法律学家的儿子,大概不会是那种流浪的手工业工人吧?!是什么东西鼓舞了这个人,使他这样热衷于工人的事业?

这样看来,在这两个社会之间不可能有和平。它们的物质利益和需要使得他们进行你死我活的斗争。一个社会必然获得胜利,而另一个社会必然遭到失败。这是它们之间唯一可能的和解。因此,在这两个社会的最高政治代表之间——在国王和人民代议机关之间,也不可能有和平。

马克思坐下,法庭沉默了大约一分钟,一种少有的、压抑的沉默,直到最后主审法官继续传讯沙佩尔。

沙佩尔和施奈德尔同马克思一样进行自我辩护,他们勇敢地承认了呼吁书中的话。

无可奈何。马克思天衣无缝的逻辑思维和毋庸置疑的事实,以及那一字一句如同颗颗炽热子弹的辩词……法庭在这种强烈反差的氛围下,原告成了被告。

法官也倾向于马克思。

全体法官退庭。

被告在法警的看守下,在法庭黑暗的走廊里踱来踱去。马克思似乎听到陪审官们在室内进行的激烈争论。不出所料,送给他的法庭裁决书上写着:"无罪释放。"

这个月,政府向马克思提出了两次起诉,都是以马克思的胜诉而告终。

《新莱茵报》于1849年5月19日被查封了。

马克思召开最后一次工作人员会议,并把他写的准备在报纸停刊号上用红字刊登的那篇文章的几段念给大家听:

> 欧洲的总革命的大火山不仅在沸腾,而且就在爆发的前夕,那红色的、火山喷出的熔岩之流将很快地把全部得天独厚的、强盗骑士式的经济永远埋葬。那卑鄙、伪善、荒淫、腐朽而怯懦的,可是还显得傲慢的资产阶级将被那最后变成聪明的、统一的无产阶级群众,把他当作赎罪的献品推入炽热的火山的喷火口……

红色！红色！红色！红色胜利了！红色共和国已经临近胜利的前夕！

　　编辑室里沉默了一会儿，每个人都在回忆这最后的几个月，想到那位在所有的政治问题上是他们的领导者、在一切私人问题上是他们的朋友和助手的马克思，他们从他的身上学到了很多东西，现在一切都过去了……

　　和心爱的工作分手不是件容易的事。当马克思感到眼圈湿润的时候，他背转身来，向窗外眺望。

　　恩格斯站在马克思身旁，把手搭在他的肩上，随后，其他几位编辑也都走过来。

　　"朋友，你们不要难过掉泪！"马克思激励大家说，"我们还要再干，而且到那时，所有的人将站在我们这一边！"

　　5月19日的最后一期《新莱茵报》从第一行到最后一行全是用红色油墨印刷的，发行数千份。人们想方设法用高价从他人手里竞相转买终刊号。

　　《新莱茵报》就像一团正在燃烧的火焰，就像一面飘扬的旗帜……一个晴朗的5月的日子，就像一年前的光景一样，燕子在莱茵河上飞翔。

　　马克思、恩格斯和弗莱里格拉特站在莱茵河畔，远望着波澜壮阔的江流，欣赏那劈波斩浪的雄鹰……一面聆听弗莱里格拉特朗诵他刊在《新莱茵报》最后一期的告别诗：

　　　　现在告别了，可不是永远的离别！
　　　　因为它的精神长存，兄弟们！
　　　　不久我要一鸣惊人！
　　　　不久我要卷土重来！

离别的不安

《新莱茵报》"红色终刊号"印发的第一个星期,恩格斯、威廉和斐迪南受到通缉,马克思和德朗克、维尔特要被驱逐出境。5月11日给马克思的驱逐令中写道:"《新莱茵报》愈益坚决地煽动居民蔑视现存政府,号召暴力革命和建立社会共和国。"还命令:"若彼对此项要求不服,应立即押送出境。"

总编辑用他激动得颤抖的笔编审最后一期稿子。

退还债权人的股金。

发放排字工人和印刷工人的工资。

支付纸商的货款和通讯员的稿酬。

为通缉的战友筹划好盘缠和生活费用。

……

马克思和燕妮把自己的最后一点积蓄都拿出来了。

全家剩下的一点东西就是燕妮身上的最后一件银器,出走前也不得不送去当铺换成旅费。

马克思最大的痛苦是离别祖国。他是一个爱国主义者,他想把四分五裂的祖国统一起来,他对摩塞尔河谷的莱茵大地比任何地方都更热爱,反对者的恶毒攻击使他更加留恋祖国这块生他、养他的热土。

这种留恋太强烈了,使马克思有时觉得几乎透不过气来,可现在摆在他面前的又是只有流亡这唯一一条出路。

马克思这位政治流亡者、通缉犯和被迫害者第三次来到塞纳河畔的巴黎,他化名为 M. 拉姆博次。

马克思在巴黎发现了王室的一个走狗,是 1848 年 2 月被德国群众驱逐的在基佐手下工作的无耻家伙。许多旅居这个城市的德国人从事间谍活动,互相搞起阴谋。马克思立即预感到,革命的火山口很快就要在这里爆发。

寂寞中马克思想起了战友,在战斗生活中结下深情厚谊的战友。

海涅病得很重,连三步路也不能走,他要从靠背椅到床上去,都不得不扶着墙壁走。

巴登和普法尔茨的斗争已经结束。恩格斯在参加普法尔茨和巴登起义时担任费赖沙尔·维利希的副官,他的命运还不知怎么样。

夏天很快就过去了,还一直没有听到恩格斯的消息。终于在 6 月的最后一天,燕妮兴奋地带着喜讯冲进房间,她说:"弗里德里希还活着,他在瑞士的韦维。你自己看信吧,他在信里写了什么?"

马克思从她的手里夺过信,迅速地浏览了一遍,然后又仔细、反复地读了几遍,忽然纵声大笑地说:"他还在担心我,我有可能被逮捕,我必须马上给他回信!"他笑出了眼泪,"我亲爱的,你自己也这样子,怎么还总为我感到不安呢?!"

这时,燕妮也流泪了。马克思蓦地抱着她,就像是抱住了恩格斯。他又想起了信中的几段话:

> 《新莱茵报》方面有一个人参加战斗毕竟是件好事,因为所有民主派无赖都在巴登和普法尔茨,而目前他们正在吹嘘他们所没有完成的英雄业绩。否则,又会有人叫嚷什么《新莱茵报》的先生们胆子太小,不敢参加战斗。可是,在所有的民主派先生当中,除了我和金克尔,没有一个人打过仗。
>
> ......
>
> 弗里德里希,这位勇敢的"骑士",过去我对他的爱骑

马飞驰越野的担心真是多余的……

马克思为恩格斯感到骄傲,恩格斯挽救了报纸的名誉,并且证明他们不仅能做文字辩论,而且如果时代需要,他们还可以投笔从戎,参加战斗。

一觉醒来,马克思披衣坐到写字台旁,点起雪茄,挥笔疾书,给恩格斯写回信:

> 我们全家都在这里。法国政府曾经要把我驱逐到摩尔比安这个布列塔尼沼地去,直到现在我拒不执行。

马克思十分注意从那些被驱逐出境的人员中研究德国的事变。

8月底,马克思接到法国政府要他离开巴黎的命令。他早就下了决心,一旦被驱逐出境,他马上就走。他激动地对燕妮说:"我不去摩尔比安,我离开法国到英国伦敦去,但是鉴于你目前的状况,明智的办法还是暂时留在巴黎。"

燕妮向来就为马克思分担忧患和迫害,这时她勉强微笑着,以便表示她对这种新的无奈并不悲伤。

马克思紧紧地握着她的手,十分感动地说:"燕妮,我亲爱的! 你多勇敢啊!"

燕妮紧紧地偎依着又要离开的丈夫。这时,他们都感觉到了她腹中的新生命在蠕动。

朋友,请给我钱

8月24日,马克思独自登上了开往伦敦的轮船。因为没有钱,全家无法与他同行,加上燕妮又正处于妊娠的最后一个月。

可想而知,这次伦敦之行,马克思的心情更不好。他以前和恩格斯一道在英国的两次短暂旅行,英国并没有给他留下令人快慰的印象。英国人实用的、平稳的和忍耐的性格,和他好动和急躁的性格有些格格不入。另外马克思的英语还掌握得不太好,这就使他的活动大受限制,使他感到了某种依赖性。

　　尽管环境和条件对马克思有多方面的不利,可他一到英国,又立刻投入了政治斗争。他恢复了共产主义者同盟的领导,并重新组织了同盟的活动,与此同时,他进行关于筹办德文机关刊物的谈判,准备在这里创办《新莱茵报·政治经济评论》。

　　这时欧洲大陆上到处都在迫害革命者,有一些革命者逃到英国来了。他们都是一小批一小批的,既没有钱,又不懂英语。来自欧洲各个国家的都有,既有意大利人、匈牙利人,又有波兰人、法国人。在伦敦的德国人增加到300多人,基本上是工人和小手工业者。他们找工作往往碰壁。马克思和他的朋友,在他们本人受着穷困煎熬的同时,组织了一个伦敦救济委员会,做出了革命团体的好榜样。

　　马克思写出激动人心的号召书。他和同志们为了筹集必要的生活费用而整天奔波于伦敦的街头。

　　眼看怀孕的妻子带着三个孩子和琳蘅于9月15日就要到伦敦了,钱却几乎没有,而马克思更迫切的是还要解决个人的生存问题。

　　钱,这个既可爱又可恶的疯狂魔兽,一时以其光环炫耀于人,一时又以其"铜臭"被人厌弃。马克思不由得很不好意思地想起这之前给几位朋友写的"要钱"信。

　　6月7日,马克思给恩格斯写信,谈了德、法两国形势的一些看法后,他简单、直率地向他提出:"你必须设法在什么地方给我弄些钱;你知道,我为了履行《新莱茵报》的义务已经把最近的收入用光了……"并在"给我弄些钱"的下面打上了着重号。

7月13日,马克思不得不写信给魏德迈说他全家在巴黎已一文不名。他问是否可以争取他关于普鲁东的书(《哲学的贫困》)出版二版得到一笔预支稿费,这本书还有一些在布鲁塞尔没有卖掉。他又补充一句:"我曾经给《新莱茵报》(这毕竟是党的企业)投资7000塔勒以上,因此,我认为我更加有权要求得到这种支援。"

马克思一时又责怪自己在经济上的无能,"妻子、儿女到伦敦来了怎么办? 看着我的满脸鬓须能饱肚吗?"

于是,马克思在9月5日给诗人弗莱里格拉特写信:

亲爱的弗莱里格拉特:

我只给你写几行字,因为四五天来,我生了一种类似轻霍乱的病,感到非常软弱无力。

我的妻子来信,要我告诉你已收到你的信和所附的100法郎。你想想巴黎的警察多么卑鄙:他们连我的妻子也去打扰;她好不容易获准在巴黎待到9月15日,即我们所租房子到期的日子。

现在我确实处境困难。我的妻子临近产期,15日她又必须离开巴黎,我不知道到哪里去弄到必要的钱,使她能够动身并在这里安顿下来。

另一方面,我希望在这里办一个月刊;但是时间紧迫,而且头几个星期困难特别大。

燕妮来了。马克思费了九牛二虎之力把她安排在一家贫困的工人家里寄宿,一面继续疲于奔命地四处奔走,以求找到一个较为方便点的住处(因为燕妮的产期已近)。最后他在简陋的切尔西街区的安德森街4号找到了一个比较合适的住处。11月5日,燕妮生下一个男孩,取名为亨利希·格维多。

这时马克思一家又面临着严酷无情的冬天。

一天,恩格斯拎着送给孩子的礼物找到了马克思位于伦敦的住宅。

经过一场血与火的战争洗劫,这位在战场上败下来的"副官",穿着还是那样整齐,花格子西服、亮直的发路也显出其疲惫后的抖擞精神。

恩格斯明显地消瘦了,因为瘦,个子更显出其比粗犷、敦实的马克思高出许多。

"您是从哪里来的?"马克思急忙问。

"从意大利来。"

"怎么到意大利去了?"

暴动失败后,恩格斯逃到意大利,从意大利才跑到马克思身边来的。

恩格斯很担心地问:"您早就没有钱用了吧?"

马克思不好意思地笑了笑,燕妮的脸微微地红了,但在他面前用不着客气,客气反而觉得是侮辱了他。

恩格斯紧接着说:"走投无路的时候老头子才给了我一点钱,先拿着这一点。"连个数字也不说,恩格斯就把钱交给了琳蘅,他又说,"党和全人类劳动人民等着您的劳动,您只管做您的工作,相信我,钱是会有的!"

燕妮心中暗想,世界上再没有这样好的朋友了。

尴尬的时候

在伦敦避难的共产主义者同盟老战友们,没有一个生活宽裕的。但在流亡的苦楚中他们并不垂头丧气,他们善于诙谐、幽默地面对生活。

苦楚的日子轻松、愉快地过。当然,有时也不免过得尴尬。

一天,流亡者鲍威尔从海格特来到伦敦小住,看到流亡兄弟生活极为清苦,深表同情。这天傍晚他"请客",邀马克思和李卜克内西"喝酒旅行"。

牛津街与汉普斯泰特之间,小酒店多得不得了,旅行遇到的每个酒店都进去喝一点,哪怕是非常少的一点,口袋里的钱也是很难对付的。

当他们到达托登汉姆科特路的尽头时,旁边一家酒店的歌声和热闹场面吸引了他们。鲍威尔向前打听到这是英国流行的一种资助病人和免费办理丧葬事宜的团体——慈善协会在举行盛大的宴会。鲍威尔摸摸口袋里可怜巴巴的几个钱,又看看自己请来的两位旅行疲倦了的朋友,皱了皱眉头。

"过来,快过来,慈善协会在办宴会。"鲍威尔招呼道。

这时门前正来了一群赴宴的客人。马克思和李卜克内西就被鲍威尔拉进了他们的队伍,堂而皇之地走进了宴会厅。

英国人殷勤好客,马克思他们三个外国人被一同赴宴的英国人邀请到一间"雅座"里去,英国人把几个"外宾"推上了正席,宾主共享盛宴佳肴。

吃饱喝足后,宴会为慈善事业展开了讨论,有的人还当场从口袋里掏出了捐款,也有人留心起大模大样坐在上席的"外宾",希望从他们的口袋里掏出巨款来。

尴尬的时候到了。别说款,马克思他们三个人的口袋里根本就掏不出宴会的餐费来。就在这时,雅座里几个争论激烈的人伸出了拳头,几个英国人争论得要打起来。

这时是最好的脱身机会。马克思、李卜克内西和鲍威尔交换了一下眼色,尴尬地退出了雅座,退出了宴会。

一到街上,剧烈的心跳才平静下来。为了松弛一下紧张的肌肉,他们不由在路灯下赛跑,像被人追赶落荒而逃的人……

突然,他们真的发现了身后的追赶者。是不是雅座里伸出拳头的人?难道他们发现"贵客"逃脱了?

马克思觉得鲍威尔的恶作剧已闹到了极为尴尬的地步。

这时,马克思也自然想到了自己一次尴尬的追赶。大路上,一个年轻人在追赶着一位老妇人,眼看老妇人就要被追赶上,面临一场毒打——马克思风也似的追年轻人而去,气喘吁吁地扭住他:"你,你为什么要追一个老妇人?"

年轻人也喘不过气来回答说:"老人家没钱,用遮阳帽抵作一顿午餐。那怎么好?!"

"没钱,吃个便餐有什么关系?外面这么大的太阳……"

马克思越想起那老妇人和青年人就越内疚越尴尬:"我不是也有一顶绅士帽吗?……"

后面三四个追赶的人越来越近了,并伴随着凶恶的"抓贼""站住""老子开枪啦"的呼喊声。

原来是惊动了夜间巡逻的警察。幸亏马克思几个人对这个地区的地形较熟悉,狂奔几分钟以后,三个人都拐进了一条横街,再穿过一条林荫道,警察就看不到前面人的影踪了。他们三人又都绕到了警察后面,这样才脱了身,各自回到自己的家中,哭笑不得。

"闲事"风波

"杀人了!杀人了!……"一个女人在绝望地号叫。

已是傍晚,马克思同德国朋友李卜克内西乘一辆公共马车经过汉普斯泰特路。这是一家车站,旁边有家啤酒店,女人号叫的声音是从啤酒店门前的人群中传出来的。

"该死的,又是谁在打老婆了?"

马克思听到女人的喊叫,也不同马车上的人打声招呼,便闪电一般地跳下车,直奔人群。待李卜克内西意识到要拉住他时已来不及了,马克思箭一般地冲进了人群。李卜克内西生怕他出危险,也下了车,急忙往人群里挤。

马克思进入了人群中心,被密密层层的人包围住。

当时,伦敦男人有打老婆的坏习惯,马克思对此很痛恨。这个疼爱妻子的模范丈夫每当听到女人的哭叫声心里就难受,他一定要冲过去将那打老婆的男人打个半死才痛快。易于冲动的马克思常为管这般闲事,让身边的人和家里人发窘。

"怎么回事?"这个黑胡须黑头发的人劈头就问。

马克思和李卜克内西很快就知道这究竟是怎么回事了。一个喝醉酒的女人同丈夫吵架,丈夫想把她弄回家,妻子就抗拒并像疯子一样地大喊大叫。这里并没有发生不幸的事情。

"这就是你不好了!做妻子的过量喝酒,有碍身体。"马克思又对她丈夫说,"就是妻子已经多喝了点酒,也不能对妻子无礼。你没有动手打她吧?"

"谁,谁错?我喝自己的酒有什么错?你,你这外国人多管闲事。"女人对黑胡须人说得喷出满口酒气。

"真是!你是什么地方的?我抓妻子打妻子关你屁事?"女人的丈夫气冲冲地说。

李卜克内西劝不住马克思。马克思听说打妻子不应该管,心里好生气。"你扶妻子回家就行了,为什么要动手抓、动手打她呢?"他又粗声粗气地说,"我警告你,女人也是人,男女都一样,

马克思传

不能欺负女人。真气人！你们伦敦人吃饱了怎么就爱打老婆？"马克思说完转身欲挤出人群，可周围的人紧紧包围着两个外国人，似乎已不准他俩轻易离去。

"伦敦人打老婆又怎么样？我们打自己的老婆关你外国人什么事？……"

"你，你是好男人，好男人，不打老婆。"喝醉酒的女人东倒西歪地朝马克思亲昵过来，马克思连忙搀扶着她。

"呃，岂有此理！伦敦人打老婆为什么要受这可恶的外国人管？"人群中有人有意在挑衅。

"说得对，伦敦人打老婆不允许这个外国黑人管！……"周围的人把攻击的目标对准了马克思，对准了这两个陌生的外国人。

李卜克内西见周围越挤越紧，一双双眼睛都不友好地盯住黑胡须，他心里好生紧张，又不知所措。他想劝那男人快扶妻子回家，但那喝醉的女人却死皮赖脸地拖着马克思的风衣；这时拖马克思挤出人群也是根本不可能的，即使人不多，他也不会随便将一个喝醉酒的女人甩开不管的。她跌跌撞撞的，他只好去搀扶着她。

男人们嫉妒的目光眼看就要喷出火光了，马克思和李卜克内西都有挨伦敦人拳头的危险，一场善意的干预被人反唇相讥，恶意对待，眼看他们将要付出毫无意义的代价。怎么办？

这时，两名强壮的警察挤进了人群，问明事因，总算拉开了那醉酒的女人。马克思和李卜克内西这才挤出重围。

一辆夜间打道回家的马车上，留下两个流亡者一路沉重的笑声。

一场决斗

1850 年,共产主义者同盟内部发生了分裂,同盟开除了一些"左"倾冒险主义者。维利希和沙佩尔却领导了这个冒险集团。

在和维利希派的争论越来越激烈的日子里,有一天晚上,维利希突然向马克思提出决斗。马克思虽然是个容易冲动的人,但他在关键时刻能准确把握自己,一切从革命事业成功的大局出发。

"我们两人谁对谁错,无休止的争论是没有用的,还不如来一场决斗,看最终谁胜谁负?!那才过瘾、痛快!"维利希同马克思在理论争论上又一次败下阵来,心生诡计,荒唐地进行挑战,用决斗来分胜负。

"维利希,请冷静一下。在对事物的认识上不是用一场简单的决斗就可以解决问题的。"马克思对这个带有普鲁士黑打手味道的无聊计谋当面回绝。

刚过几日,维利希又向马克思发出决斗的请战。马克思对冒险主义集团的无聊举动作了回避,一些同盟的盟员们也寻机要马克思暂时离开伦敦,帮助他回避这场用心险恶的决斗。

维利希向马克思挑起决斗的消息传到了伦敦的大学里,年轻性急的大学生盟员康拉德·施拉姆热血沸腾,认为这是维利希对马克思的故意贬低甚至凌辱。

"维利希,你有什么资格向马克思挑战?你应该看看自己的嘴脸。你分裂我们的同盟还不够,还想侮辱我们的领导者,肚子里藏了什么见不得人的东西?快给我掏出来!"血气方刚的施拉姆越说越激动,"有本事,我们俩来一场决斗。我现在正式向你挑战了!"

维利希当场受了侮辱,咬牙切齿地接受了施拉姆的挑战。

决斗商定在比利时的海边举行,监场人是巴特尔米。维利希要求一定要用手枪。施拉姆在此之前从来没有拿过手枪,可维利希在20步开外却百发百中。

施拉姆根本不听马克思家里人和其他友人的劝阻。他认为遵守这里大学生的习惯,这时也应该向维利希提出挑战;为了马克思的尊严,为了打击"左"倾冒险集团的嚣张气焰,更应该向他提出挑战。泼出去的水收不回。大家都在为施拉姆这位年轻的勇士担心。

燕妮、琳蘅和李卜克内西等一些知情人在那海滨决斗的日子里不知是怎么度过的,他们一分钟一分钟计算着时间……决斗的日子终于过去了。

第二天傍晚时分,经常来马克思家里的巴特尔米推开门直奔马克思的住房。当时,马克思不在家,家里只有燕妮和琳蘅。

"怎么样啦?"燕妮和琳蘅齐声问这个决斗场上的监场人。

巴特尔米向惶恐不安的问语人深深鞠了一躬,用沉痛的声音回答:"子弹击中了脑袋!"说完这句话后他又深深地鞠了一躬,然后转身就走了。

燕妮一阵强烈的惊恐,顿觉天旋地转。琳蘅连忙扶她躺在床上。

一小时后,他们才把噩耗告诉李卜克内西,大家都认为这个年轻气盛的施拉姆勇士一切都完了。

第二天,当燕妮、琳蘅、李卜克内西很悲痛地追忆英雄的时候,门开了,一个头上裹了绷带,却是快乐微笑的假死后的施拉姆突然走进了房间。

马克思传

荒草地里的"自由花"

在伦敦西郊的汉普斯泰特荒皋,这里没有房子,没有马车,没有噪声,见不到滚滚的烟云,遍地的金雀花和小树丛布满小山幽谷。

在这里漫步、欢闹,用不着担心糟蹋庄稼,吵闹邻居,遇上警察。

礼拜天,马克思经常带一家人到这里来散步和野餐。

从马克思的第恩街到汉普斯泰特荒皋要步行一个半钟头。伦敦人不习惯早起,马克思一家也只好入乡随俗,照例到上午11点钟才出发。有时为等燕妮和琳蘅把孩子们打扮好,把篮子准备好,出发的时间还会更晚些。

那篮子是琳蘅从特里尔城带来的,一只在伦敦人看起来非常大的篮子,里面盛满了食物,成了全家人野餐的仓库。仓库的丰歉直接由琳蘅口袋里存钱的多少而定,有时也盛上很大的一块牛肉,还有茶和糖,有时还有些水果。面包和乳酪照例在汉普斯泰特荒皋买,那里有为游人服务的小日杂店、咖啡店,可以得到餐具、啤酒、热水和牛奶,还可以买到小虾、凉菜和牡蛎,这就看主人的钱袋扎不扎实。

去的时候次序经常是这样的。李卜克内西带两个小女孩走在前面打先锋。他们一边走一边互相讲故事,或一边走一边做体操、采野花,跟随在孩子后面的是另外一些常来家里的好朋友。再就是全家的主力队伍了:马克思夫妇和一位或几位礼拜天来访的客人,再后面就是琳蘅和流亡者中为填饱肚子的最饥饿的客人,客人主动帮助她提篮子。即使来人很多,序列也大致是这样的。

来到荒草地,行走了一个半钟头的腿,就突然变得像面条了,大人小孩都在茵茵的草地上写上一个仰天的"大"字,只有琳蘅和燕妮在日杂店里弄茶水和啤酒。吃喝一顿之后,不想小睡的就从衣兜里掏出在路上买的新报纸看看。孩子们却点兵点将邀玩伴捉迷藏。捉迷藏玩腻了就赛跑、角斗和投石头。

有一个礼拜日,他们在荒丘附近发现了一棵果实已熟的毛栗树。

"让我们看谁打下来的最多!"马克思欣喜得头发像一片黑云样飘然过去同孩子们一样疯子一般地蹦蹦跳跳,可比起赛来,打毛栗他不是能手。大家直到最后一颗毛栗子在胜利的狂叫中到手后,才肯停止瞄准和轰炸……那次之后,马克思有一个多星期右臂痛得不便动弹,在写字台上不时发出疼痛的叫声,燕妮或琳蘅一听到这种呻吟,就匆匆过去,笑他,用空心拳捶他的胳膊。

在荒草地骑驴是最大的乐趣。马克思的骑术很糟糕,但他却故意大肆夸张自己对骑术很有造诣。见他一次次地从驴背上跌下后,大伙不由得笑呀、叫呀、闹呀……你推我,我推你,直笑得倒在草地上为止。这时,马克思就坐定正儿八经讲他在学生时曾上过三次骑术课,在曼彻斯特旅行时他骑着可敬的罗辛纳提出去过一次……

"知道吗?这罗辛纳提的马,那是塞万提斯小说《堂吉诃德》中主人公堂吉诃德所骑过的马哩!"马克思还绘声绘色地说,"你们知道吗?那匹马也可能就是普鲁士国王弗里德里希二世的,是有一次送给可敬的格累尔特的,那匹驯羊般的、温和的老母马的曾孙哩!……"

"哈哈哈……"荒草地上又是一阵大笑。

"也就是说,普鲁士国王弗里德里希二世的老马的曾孙让我老马给骑了！哈哈哈……"这回，马克思自己也忍不住笑了，爽朗地说。

荒草地上一阵快活过后，也难免有流亡者提出忧虑和烦恼来，马克思就立即制止他，提醒他这是在荒草地，是礼拜天，"难得轻松。既然已来到草地上就尽情地娱乐一回，我们暂时不谈政治，把忧愁忘个干净。要想到，休息好也是一种社会职责"。

一次在散步漫游中发现一片被树荫掩蔽的小池，李卜克内西高兴得手舞足蹈，指给马克思和一旁的孩子看："一大发现，李卜克内西一大发现，这是一朵野生的活生生的'勿忘我'花！"

马克思看李卜克内西的那个高兴劲儿，独自加快了脚步，离开人群，来到了一个浓密得好像褐绿天鹅绒一样的草场，在一个避风的地方蹲下身来，然后高兴地拍着手跳呀、喊呀，比李卜克内西跳得更欢："快来呀！快来看呀！我老马的伟大发现，这里有朵'自由花'，一棵野生的唐水仙！"

"唐水仙！小时候我在学校里学到过，这种花只有在南方，在日内瓦湖畔、意大利和希腊才能自由开放，它们不会生在北方，更不会开花的。"

这确是一大发现，英国有适合植物界的意大利气候。毫无疑问，这就是最普通的淡蓝色的唐水仙，只不过它的花朵比家生的唐水仙小一点，茎没有家生的唐水仙那么多，但香味是一样的，而且还稍浓一些。李卜克内西不得不承认这是一朵唐水仙的"自由花"，是一次比他更伟大的发现。

太阳西斜了，归途的序列与出来时正好相反。孩子们跑了一天疲倦了，便与琳蘅和篮子在一起，篮子空了，琳蘅走起来也轻快些，也方便照顾孩子。回家的路上飘落一路歌声，却很少唱激烈的政治歌，主要唱民歌，唱浓郁情调的和一些关于"祖国"的"爱国"歌——

噢，

斯特拉斯堡，

噢，

斯特拉斯堡，

你这座美好的城哟！

……

有时孩子们唱起黑人歌，还一路跳起黑人舞来。

马克思就尽其所能显示出他惊人的记忆力。精力充沛时他把《神曲》整部书全背出来，还背莎士比亚的剧词。因为燕妮对莎士比亚的作品也是深有研究的，第一可以引起妻子的兴趣，这时的妻子即使玩得精疲力尽了，也会强打起精神来，不时接背丈夫朗诵后面的一段……

荒草地里又绽开一朵朵娇艳的"自由花"来。

家庭大学

什么浑话！你的脚，你的手，

你的屁股，你的头，这当然是你的所有；

但假如我能够巧妙地使用，

难道不就等于是我的所有？

我假如出钱买了六匹马儿，

这马儿的力量难道不是我的？

我驾驭着它们真是威武堂堂，

真好像我生就二十四只脚一样。

128

这是一首德国大诗人歌德的诗。马克思洪钟般的声音朗诵过后,他紧接着给大家谈货币:"货币,因为具有购买一切东西、占有一切对象的特性,所以是最突出的对象。货币的这种特性的普遍性是货币的本质的万能,所以它被当成万物之能。货币是需要和对象之间、人的生活和生活资料之间的牵线人……"

随着一串串掌声,最小的女儿爱琳娜一路小跑来到了小房子的中间,站在爸爸朗诵的位置上,妈妈忙过去帮孩子端正衣冠,说声"开始",于是,银铃般的童声又响彻小屋——

> 我朗诵的是莎士比亚的《雅典的泰门》。
> 金子!黄黄的、发光的、宝贵的金子!
> ……
> 这东西,只这一点点儿,
> 就可以使黑的变成白的,丑的变成美的;
> 错的变成对的,卑贱的变成尊贵的;
> 老人变成少年,懦夫变成勇士。
> ……
> 啊,你可爱的凶手,
> 帝王逃不过你的掌握,
> 亲生的父子会被你离间!
> 你灿烂的奸夫,
> 玷污了纯洁的婚床!
> 你勇敢的玛尔斯!
> 你永远年轻韶秀、永远被人爱恋的娇美的情郎,
> 你的羞颜可以融化了黛安娜女神膝上的冰雪!
> 你有形的神明,
> 你会使冰炭化为胶漆,仇敌互相亲吻!
> 为了不同的目的,

你会说任何的方言！

你动人心坎的宝物啊！

你的奴隶，那些人类，要造反了，

快快运用你的法力，让他们互相砍杀，

留下这个世界来给兽类统治吧！……

　　莎士比亚是马克思一家最亲密的老师，首先是因为马克思最崇拜这位比自己大254岁的英国大戏剧家、诗人。后来，燕妮、恩格斯也研究莎士比亚的作品，在《马克思恩格斯全集》里见到莎士比亚的名字不少于150次。马克思家里还经常举行莎士比亚作品专场朗诵会。

　　古希腊罗马的悲剧作家埃斯库罗斯，德国的大诗人和剧作家歌德也是马克思一家崇拜的大师，他们都是马克思一家在语言、文学、艺术和哲理等方面的好老师。

　　参加马克思家里举行的文学作品朗诵会，除马克思夫妇和他们的三个女儿是定员外，还有恩格斯、剧作家艾德华·罗兹、女演员捷奥多拉·莱特、女作家多莉·雷德福以及她的丈夫法学家、诗人亨利·尤塔等一些文艺界的朋友。

　　马克思的三个女儿都没有能够系统地完成学业。上完中学后，马克思就再也无力负担大学高昂的学费。但是父母广博的知识、良好的家庭教育却弥补了这一不足。姐妹仨都在这所家庭大学里得以造就。

　　家庭朗诵会常以高亢激昂的《马赛曲》结束：

当父老兄弟英勇地牺牲，

我们将战斗得更坚定；

亲手埋葬烈士的尸骨，

追随他们的足迹前进。

我们不再羡慕生命，

却愿战死在斗争中；

能为他们复仇而牺牲，

我们将会感到无上光荣。

公民，武装起来！公民决一死战！

前进，前进！万众一心，

把敌人消灭净。

神圣的祖国号召我们，

向敌人雪恨复仇；

我们渴望珍贵的自由，

决心要为它而战斗。

看我们高举自由的旗帜，

胜利地迈着大步前进。

让敌人在我们脚底下，

听着我们凯旋的歌声。

马克思在家庭朗诵会结束后，常常还对孩子们说：

关于艺术，大家知道，它的一定的繁盛时期绝不是同社会的一般发展成比例的，因而也绝不是同仿佛是社会组织的骨骼的物质基础的一般发展成比例……

我们现在假定人就是人，而人同世界的关系是一种人的关系，那么你就只能用爱来交换爱，只能用信任来交换信任，等等。如果你想得到艺术的享受，那你就必须是一个有艺术修养的人。如果你想感化别人，那你就必须是一个实际上能鼓舞和推动别人前进的人。你同人和自然界的一切关系,都必须是你的现实的个人生活的、与你的意志的对象相符合的特定表现。

......

在这所家庭大学里,三个孩子接受马克思这位哲学博士和他朋友们的教育,从小就开始了解政治,关心政治,还不时地向父亲提出一些和孩子难以说清的政治问题,而马克思总是像谈心般地把政治问题说得非常明白,让孩子们一听就懂。

在马克思的教育下,小燕妮、劳拉、爱琳娜三个女孩都先后成为初期的社会主义者,她们从母亲手中接过马克思的秘书工作,同时投身到巴黎火热的革命斗争中去。小燕妮和劳拉都嫁给了巴黎公社的成员、早期的社会主义者,走上了革命的道路,最小的女孩爱琳娜不仅成为早期的社会主义者,还成为英国莎士比亚学著名学派中的一名生力军。

第四章

创作『资本论』

残酷的 6 年

1850 年年底以后的 6 年,是马克思关心各国革命运动、从事《资本论》创作的重要时期,连稿费几乎也没有了。他们一家先后住在伦敦贫穷的索荷区第恩街的 64 号和 28 号,都是低矮、阴暗、潮湿的"洞穴"。

钱,把政治流亡者的家困得几乎陷于绝境。马克思在这里创办的《新莱茵报·政治经济学评论》期刊每期印刷 2500 份,因政治理论期刊很难发行,他经常为美国《纽约每日论坛报》写文章,但每篇文章稿费很少会超过 20 马克。"美国佬"给"欧洲人"的稿酬低,马克思也知道自己在受人剥削,但是除此之外没有任何选择的余地,只有这样才能把他的思想传播到美洲。凭着这点稿酬,全家人过着极为低下的生活。

这一年,连这一点仅有的小溪流也被堵塞了。民主主义报纸《纽约每日论坛报》的出版家德纳不再刊登"马克思"的文章,而一直把马克思的所有文章用他自己的名字发表。因为这个原因,马克思的名字当时在美国很少有人知道,因此他几乎不可能很快找到另外一家报纸发表他的文章。

马克思对德纳的这种行为非常愤慨,坐在书房里干着急,因钱的困惑,也没有什么好的办法来对付人家,也只好作罢。

肝病开始折磨马克思,燕妮的健康也受到了损害。这时,8 岁的埃德尔在贫困中死去。1852 年复活节的这一天,可怜的小弗兰契斯卡得了严重的支气管炎,孩子和死亡搏斗了三天,失去生命的小尸体停放在后面的小房子里。马克思一家大小都只好搬到前面的房间来,晚上睡在地板上,父母和三个仅存的孩子都为停放在邻室的冰冷而苍白的天使痛哭。一位法国流亡者友善而同情地给了两英镑,他们才付清了小棺材的钱。小女孩出世时没有摇篮睡,而死后也好久得不到小棺材。马克思和燕妮在5年内失去了第四个亲骨肉。

这时,马克思只好给恩格斯写信:

> 如果你心情好的话,请写几句话给我的妻子,她已完全失常了。想不到,这个不幸的孩子成为家庭生活困难的牺牲品。

恩格斯除写信和来看望安慰外,为了这一家人的生活,他只好又到他讨厌的父亲的工厂里去工作。他在曼彻斯特通过邮车给马克思汇钱并送给他所需要的东西,信中还经常抱怨马克思隐瞒自己的困难不向他明说。

面对生活上的绝境,马克思不得不向恩格斯坦白地承认:

> 我在图书馆的工作本来早就可以结束,但是,间断太多,阻碍太大,而在家里,由于一切总是处于紧急状态,并且流不尽的眼泪使我整夜烦恼和生气,自然干不了多少事情。我感到对不起我的妻子。主要的负担都落在她的身上。实际上,她是对的,工作应该比婚姻更多产。尽管如此,你该记得,我生来就缺乏耐性,甚至有些严厉,所以常常不够冷静。

有一段时间,马克思连到英国博物馆研究和查找资料也去不成了。他却还风趣地说:"一星期以来,我已达到了非常痛快的地步:因为外衣进了当铺,我不能出门,因为不让赊账,我不能再吃肉。几个星期以来,特别是最近两个星期,我每天不得不奔走6小时找那倒霉的6个便士,为了能往牙齿上放点什么……"

就连很少的稿费也断流了。绝望的时候,恩格斯从曼彻斯特的回信中说:

> 这些美国佬简直是非常可恶的家伙,看来,《论坛报》的先生们认为,他们已经把你像柠檬一样挤干,现在可以去挤另一个人……2月初我特寄给你5英镑,往后你每月都可以收到这个数字……当然,你不要因为我答应每月寄5英镑就在困难的时候也不再另外向我写信,因为只要有可能,我一定照办。

马克思把信中的这几行念给燕妮听,燕妮激动得流出了热泪,她说:"他之所以干这个不喜欢的职业,完全是为了能够帮助你,他是多么喜爱研究哲学和文学啊!"

马克思也流出了热泪,藏进浓密的胡须里。他曾经最担心燕妮,这个贵族家庭吃鱼吃肉、穿红戴绿的小姐,也同他一块儿在艰难得如同乞丐般的生活里拖过来了。要不是她,要不是恩格斯,还有琳蕙,他的一家早就得散伙,甚至饿死了。

这些年里,伦敦的政治流亡者们不团结,穷困的生活更加剧了他们的苦恼和怨恨。马克思还要同流亡者中的蛊惑家、野心家和"大人物"们进行不倦的斗争。这些人对他中伤,马克思毫不在意,只有燕妮和琳蕙非常恼火。

各国反动政府对1848—1849年所经历的恐怖还心有余悸,不遗余力要消灭"祸根",就是要消灭那些被他们称作"头目"和"鼓动家"的人。他们千方百计要促使英国把这些人驱逐出境,同时俄国沙皇、普鲁士国王和路易·波拿巴派来伦敦的密探越来越多。这些家伙们很内行,他们不把蛊惑家放在心上,而是死死盯住马克思和他的朋友们。他们也不嫌弃英国告密者效劳。马克思和恩格斯曾多次给英国报纸写信提出抗议,在一封刊登

于《旁观者》周报的信中,他们强调:

> 我们住宅的门前,还有些样子极其可疑的人经常守望着,他们非常耐心地记下我们的所有访问者的来往情况,我们每走一步都有他们在跟踪。我们无论是坐公共马车或进咖啡馆,都至少会有一个这种不相识的朋友跟随而来,我们不知道做这种惬意事情的先生们是否"在御前供职",但是我们十分了解,他们大部分都是非常不清白的和不怎么受尊敬的人。

一个普鲁士警察局的密探,1853年混进了第恩街的马克思家里。他对马克思在伦敦第恩街的生活向政府作了如下一段报告:

> 这个党(共产党)的头目是卡尔·马克思,他的助手是:弗里德里希·恩格斯,在曼彻斯特;弗莱里格拉特和沃尔弗(所谓的鲁普斯),在伦敦;海涅,在巴黎;魏德迈和克路斯,在美国;毕尔格尔斯和丹尼尔斯,在科隆;维尔特在汉堡。所有其余的人都是这个党的一般成员。马克思确是党的首脑和灵魂,这就是我认为必须给这个人物画像的原因。

> 马克思中等身材,34岁,但头发已经开始花白;体魄健壮,脸有点像匈牙利革命家瑟美列,不过脸色比他黑,头发和胡须也比他黑,胡子从来不剃。他那双明晰的眼睛闪耀着恶魔般的、凶险的光芒,一下子便能使人得出他很有才华又很有魅力的印象;高深的知识和教养使他无可争辩地凌驾于周围的人们之上。

> 在个人生活方面,此人极端紊乱和无聊,他不会当家,过着放浪的生活。洗脸、梳头和换衣服,在他都是很少有的事。爱喝酒。偶尔会好几天无所事事,但一忙起来就是

夜以继日;他想什么时候睡觉就睡觉,想什么时候起床就起床,常常一干就是通宵不眠,直到中午和衣往沙发上一躺,一直睡到晚上,也不管来不来人,而那些上他家里来找他的人就像是来到了风车跟前一样,反正也是止不住他的瞌睡。

他的夫人是普鲁士大臣冯·威斯特华伦的妹妹,一个很有教养和平易近人的女子,由于很爱自己的丈夫,她习惯了这种放浪的生活,对穷困也安之若素。她有两个女儿、一个儿子,三个孩子都长得挺漂亮,都有他们父亲那样的聪明的眼睛。

马克思虽然一般说来是急性子,很粗野,但是作为丈夫和父亲却很温存和细腻。马克思住在伦敦最穷,因此也是最便宜的住宅区,他租的套房只有两间,一间对着街,这是客房,后面那间是睡房。屋里的家具都糟透了,简直不成样子,都是些用坏了的、摇摇晃晃的破烂货,到处是一层厚厚的尘土,所有东西都是七零八落。客房中央放着一张上面铺胶布的旧式桌子。桌子上堆满了手稿、报纸、书籍、儿童玩具、破旧衣服和马克思夫人的手工活;除此之外,还可以在那里看到有缺口的茶杯、用脏了的勺刀叉、大蜡台、小酒盅、墨水瓶、荷兰烟斗、烟灰——这一切都乱七八糟地堆在桌子上。

来访的人一走进马克思房里,立刻就会堕入烟炭和烟草弥漫的烟雾之中,开头他必须像在山洞里那样摸索着移步,直到眼睛渐渐习惯于黑暗,能够在这滚滚烟雾之中辨别出一些东西为止。所有的东西都很脏,都布满了灰尘,要想往哪儿坐下去是危险的;一张椅子,一共才三条腿,另外一张碰巧还完整无损,可是孩子们在上面玩着做饭菜,递给客人坐的正好是这张椅子,那上面孩子们做的饭菜还没有擦干净,谁要是坐下去,肯定会把裤子弄脏了。但马克思和他的妻子对这一切丝毫不感到难为情，他们会很殷勤地接待您，给您递上烟斗、烟草，随便从手底下抓一杯清凉饮料端给您。交谈很有意思、很愉快，这就补偿了简陋的陈设和不舒服的条件，您会习惯于和这些人交往，开始感到这个圈子很有趣、很别致，这就是共产党人领袖马克思的家庭生活的真实写照。

不知道那普鲁士政府的大臣——燕妮的哥哥——看到这份密探报告后是何感慨？是哭？是笑？

也许"大臣老爷"对自己的妹妹的处境在笑在哭或非笑非哭的时候，燕妮的一家却已开始出现了转机。

1856年5—7月，燕妮带孩子回特里尔守候在母亲的病床旁，母亲给了她一笔小小的财产。7月23日母亲去世，燕妮带孩子在巴黎停留后于9月10日回到伦敦。

这笔小遗产再加上恩格斯的资助，马克思一家终于从第恩街的那个"洞穴"里挣脱出来。

一棕一黑"两匹马"

马克思一家在梅特兰公园附近找到了一所小房子，离汉普斯泰特荒阜和樱草丘不远。

经过第恩街贫困区的龌龊之后，现在看到这绿草如茵的环境，出门不远就是公园，燕妮和孩子们真是入了迷。他们添置了一些家具，也不再拥挤在一起了，马克思也有了属于自己写作的"书房"。

这个公园附近的格拉弗顿坊离城区较远，到英国博物馆得走整整5公里,幸好马克思是个健走健谈的人,他可以利用散步的机会同时完成去图书馆借书的任务。

当马克思的黑脸容光焕发的时候,燕妮预测他要有什么喜事了。

果真,马克思要准备动手写《资本论》了,这是他一生中准备时间最长、付出精力最大的一部巨著啊!

"你应该先好好休息几天!"燕妮见丈夫高兴得近乎发狂,立即央求他先休整一下。

"休息?!"马克思却惊异地反问。提起休息,他忽然感到几个星期都没有和孩子们好好地一道玩了。于是,他遵从燕妮的安排,把女儿们叫到身边来。

一般女儿们不到星期天是不敢走进马克思的书房里的,可一到星期天就是孩子们的天下了,马克思把星期天的指挥权全交给了孩子们。

"我们来玩玩海战好吗?"马克思提议道。

"好呀!"孩子们高兴地抱着马克思的脖子。

马克思用旧报纸做小船,做完一艘再做一艘,每一艘外表都不一样,很快便做好了一个完整的舰队。

马克思带着女儿们到小澡房装满一大木盆水,然后把这些小纸船浮到里面,让这些船互相撞击,并大声叫道:"纳尔逊公爵在特拉法尔加!"(英国舰队大败法国、西班牙舰队)每当一个姑娘说了一句诙谐的话,或者机智地回答一个问题的时候,他那在浓眉下面隆起的、乌黑的眼睛便更加炯炯有神。

"孩子们可以教育父亲。"马克思这样对孩子们说,在游戏中他并不独断专行,他对待他的女孩子们像对待大人一样,从不向她们发命令。

马克思能就这样同她们玩个把小时,一旦他的精力得到了恢复,他又惦记着他的写作,他把船一艘一艘地点着火,让全体"舰队"在姑娘们一片响亮的欢呼声中化为灰烬。

"穷开心是消愁的最好办法。"马克思常这么对朋友们说。

恩格斯在长时间的分别之后来到了这里。

这往往也就成为家中的节日了。孩子们都收到恩格斯送给自己的礼物,然后,大家丰盛地吃一顿。在这之后,马克思就带着写作方面一些不好解决的问题把恩格斯引进了书房,他们谈了看法,再回顾各人分别后生活上的经历,谈到生活中遇到的有趣的事时会放声大笑起来,笑声感染屋外的人。

忽然孩子们记起了今天是星期天,小燕妮带着大妹妹就大胆闯进了书房。

小燕妮生得像父亲,脸色黝黑,头发漆黑。劳拉两颊绯红,前面的卷发金光闪耀,就像经常有夕阳照耀着似的,很像她的母亲。小燕妮看看这两位笑得前仰后合的朋友,严肃地说:"今天是星期天,不准你们坐在书房里!"

马克思听女儿说是星期天,连忙拍拍自己的头,觉得冷落了孩子,应该出去带孩子们一块儿玩。于是,他斜眼看了看恩格斯,互相埋怨起来。

"对对,星期天,只因为是你恩格斯叔叔来了才这么特殊一下,爸爸以后一定记住,一定改正!"马克思向孩子们承认错误。

"不,要马上改正!"小燕妮又严肃地说。

"对,马上改正!马上马上,上马,上马……"马克思说着,立即弯下腰,两只手支在地上,长长的腰弯成马鞍状。

小燕妮忙着把劳拉推向前去,并指使说:"我骑爸爸!你骑叔叔!"

"走吧,驾——"小燕妮第一个骑上马克思的背,并喊起了口令。

两个孩子从书房里"骑马"出来,燕妮骑马克思在前面走着、摇着,好像真的是一匹黑鬃马;后面的恩格斯紧拉着劳拉的脚,弯着腰,一边跳一边走,好像一匹真的上了鞍的棕色马,棕褐色的头发垂下来遮住了眼睛。

"驾——驾——"全家乐得连燕妮和琳蘅也真想跨上"马"去。

英国博物馆在思想

英国是"典型的资本主义国家",是世界市场的霸主。

伦敦是世界金融、工业和贸易的中心。

伦敦同社会主义思想中心的巴黎形成了鲜明的对照。

历史上虽有过伟大空想主义者罗伯特·欧文影响下的全国工联总罢工和大规模的宪章运动,但是在1847年的经济危机过后开始新的经济繁荣时期,英国工人放弃了自发的社会主义斗争。

这种气氛使作为革命家的马克思受到压抑,使他在伦敦的侨居更加难受。然而对作为思想家的马克思来说,伦敦又是必不可少的,因为这个国际经济中心使他有可能看到整个世界的政治和经济生活,从而扩大视野。

伦敦作为资本主义的先驱和典型的中心,使马克思能够对资本运行的体系和机制进行全面的科学分析,并用新的事实来丰富自己的学说。

英伦三岛的政治流亡生活对马克思来说,是个人和家庭方面的悲剧,可作为他的主要著作——《资本论》的思想和材料,这种生活又是他即使有万贯家私和天堂之乐也无法替代的。

伦敦是马克思一生的最后一个阶段,好像是由历史事件的内在逻辑为他预先准备好了似的,好像是历史事件对马克思的各个发展阶段作了很理想的安排,帮助他登上了一个新的阶梯,促使他把在欧洲大陆上受到的教育加以完善。

"前30年,人生的前半生——这个充满激情和乐观精神的青年时代……"马克思离开浮躁的"小家"时又在英国博物馆里尽情遨游着。他不时回顾总结自己前30年走过的路:

> 1842—1849年是人生最重要的阶段,在此期间观察社会、积累知识、获取经验,在社会意识急剧发展和革命运动不断高涨的影响和鼓舞下制定了新的学说,创建了党,拟订了经过深思熟虑和详尽无遗的革命纲领,并且亲自参加了革命斗争。

此外,也实现了个人生活方面的理想:

> 和燕妮结婚……同恩格斯的友谊、同琳蕙的友谊……

马克思得出结论:

> 7年曲折的恋爱婚姻是最大的幸福;寻求到人生最高尚的信仰,探索一条理想的发展道路,结识像恩格斯这样的一些挚友,并将全部心身投入伟大的社会主义和共产主义事业之中,这更是人生莫大的幸福……

流亡伦敦之前的30年,在马克思心中留下了美好幸福的回忆,他将前30年生活中的风霜雨雪全部略去不计,他认为:

> 在柏林这个全世界公认的哲学思想中心,钻研了理论;
> 在科隆,用现实生活检验了自己的理论知识;

在巴黎这个社会主义思想中心,发现了历史发展的规律性及其动力——阶级斗争;

在布鲁塞尔,使自己的研究成果具体化;

在眼下伦敦这个世界经济中心——应是历史为自己着意选择的最理想的政治经济观测点……

于是,马克思面对生活中的任何困苦都不沮丧、颓废,似乎几个孩子饿死也是自然而然的,自己把外衣典当一个星期不能出家门也是自然而然的……

走进英国博物馆,马克思可以把所有烦恼都抛于九霄云外。规律是自然和必然的,在于发现而无法创造,就任自然之花结出丰硕的自然之果吧!

英国博物馆收藏着各个民族、各个时代的艺术品,它的图书馆也是世界上最大的图书馆之一。

马克思几乎每天都到图书馆去,早晨的钟声刚刚响过,他已经在图书馆里了。有个叫威廉·波佩尔的德国青年义务当他的秘书和英文翻译,两人就这么坐在里面,直到晚上看门人关门为止。

马克思在博物馆、图书馆有固定的座位,他的桌子上也同他家里的写字台一样有堆积如山的书,人伏下身去,两边的书把他上身深深地淹没了。桌面上未打开的书放得很整齐,翻开的书一本叠一本的,书里折叠着角,甚至书里临时用什么文具代作了书签……这桌面上一切的一切,马克思离开后,任何人都不可碰他的。在家里,燕妮、琳蘅知道,连孩子们也知道,这里的图书管理员更知道。

图书管理员每天给马克思拿来一堆新书。经济学问题和物理学、法律学、数学、化学、文学,甚至是外国语的文法书,他都进行认真的研究,他身边常常摆着卡片和草稿纸,以便认真做笔记,他从每本书中摘录内容提要,凡属他所特别感兴趣的书,他就细心做札记。他在钻研中一旦冒出新的思想火花,便立即用文字记下来。

一天,图书管理员好奇地问马克思:"博士先生,你同时可以研究好几十种科学吗? 我们的教授通常只能攻读一种专业!"

马克思对管理员这种干扰有点不快,他敏捷而风趣地回答:"亲爱的朋友,所以也有很多教授戴着遮眼罩呀。如果人们要认识世界和改造世界,人们就不要只在一块草原上去赏花啊!"

在伦敦家庭生活那段可怕的时期里,马克思完全掌握了英文和西班牙文,广泛研究了各种政治经济学方面的文献资料,并写出《路易·波拿巴的雾月十八日》《1848 年至 1850 年的法兰西阶级斗争》等好几本书。

去了图书馆不想家里的事,回到家里不想图书馆的事。在这个非常时期,马克思要为维持家庭生活而奔波,还要同那些形形色色的小资产阶级派别进行严酷的、不停的斗争。这种非普通人所能忍受的、长期的艰苦工作以及多年贫困所造成的极坏的健康状况,从未动摇过他的意志而迫使他停止工作。

一天,马克思看着写字台上的一大堆稿纸失态得像孩子般大声叫嚷:"我已准备好,我要动手了,动手呀——动手——"

燕妮、琳蘅和孩子们都呆呆地看着马克思,哑然失色。

马克思经过 14 年的准备,决定开始写作《资本论》。

"妈妈,醒醒吧!"

1862 年,马克思利用外出的机会绕道从异国回到过特里尔,看望了越来越苍老的妈妈。

马克思想找份工作,无果。眼看经济上的困难又无法在公园附近的格拉弗顿坊宽敞的住宅待下去了。这时,又突然从特里尔传来噩耗:

1863 年 11 月 30 日,母亲逝世。

马克思立即从伦敦赶赴特里尔奔丧,为自己亲爱的又固执了一辈子的母亲流下了悲痛辛酸的泪水。

"妈妈,您醒醒吧!"马克思还有许多话要对妈妈说啊!

为了寻求真理,实现自己的伟大理想,唤醒无产阶级砸碎自己身上的枷锁,推翻剥削阶级的统治,实现劳动人民自己当家作主……为此,马克思在政治斗争的旋涡中流亡,与无产阶级所有的敌人作斗争,带领一家老小凭着精神支柱的维系,心甘情愿地一次次在贫困的死亡线上煎熬。

您反对孩儿的婚事,您反对孩儿由能赚钱的法律专业转为哲学专业……这些,孩儿都使您老人家大失所望,孩儿没有听妈妈的话,以致妈妈白发苍苍之年还为孩儿的贫困流亡而抱一块心病。

孩儿的心连自己的妈妈也难理解,一二十年来,好在有朋友的理解和接济,好在有早醒的劳动者们支持,否则孩儿还有为妈妈奔丧的一天?

对一个全新的伟大事业,不理解是暂时的,也是自然的。

但孩儿却理解妈妈那天下父母所共有的"望子成龙"的心。可眼下孩子执着追求的事业还没有成功,妈妈善良的劳动百姓的那份"体面"还没有最终讨回来……然而毕竟事业在发展,革命运动有了新的起色,《资本论》第一卷的写作也将进入冲刺阶段……您和大多数尚不理解儿子的心的人会从中找到圆满的答案。

马克思这个已45岁头发花白了的"孩儿"在妈妈的灵柩前静静、久久地默哀,任放纵的泪水荡涤自己负疚的心灵。

送妈妈入墓后,马克思走访了几家附近的亲戚,便立即返回了伦敦。

尽管自己正在第二次经济危机中,但马克思没有专为妈妈的遗产在家里说上半句话,他全忘记了妈妈也有负疚孩子的地方,只想到自己长期流亡异国他乡欠老人家的太多、太多……

马克思来伦敦后不久,家里人按妈妈的遗嘱将马克思应得的那份遗产寄到了伦敦。

马克思在经济困境中收到了母亲的遗产,收到了一小笔却沉甸甸的希望,又收到了一份难以忍受的痛苦。母亲用一生的艰苦、俭朴寄给孩儿"愿铁成钢"的恨和爱。

这时,马克思又想起了自己在波恩大学读书时收到的妈妈写的信:

> 亲爱的卡尔,你每星期都要用海绵和肥皂洗一次澡。你喝的咖啡是怎样弄的?是自己煮,还是怎么的?
>
> ……祝你健康,想必圣诞节你会有什么要求,只要是妈妈能做到的,我都将乐于去做……
>
> ……向你致意并吻你,你永远是我最可爱的、最好的人。

这亲切的声音不就是母亲恨和爱的叮咛忠告吗?

马克思终于用母亲的遗产偿还了债务。并为了告慰母亲，用这笔钱在哈佛斯拉克小山梅特公园第一次租用了一栋宽敞、舒适、向阳的别墅——莫丹那一号别墅。

别墅里，夜深的油灯熬得呵呵地响。

比金钱更重要

为生计奔波的时候发现了钱的重要，一旦得到了钱又并没有感觉到钱的重要究竟在哪里。马克思随时警惕着自己卷进金钱的怪圈，可关键的时候又被金钱戏谑。想起来，他也嘲笑自己一时的不正常。

马克思最终不为钱所俘虏。他不把钱当回事，得到就按照需要去放开手脚办要办的事，没有了就再想办法挣来维系。生存的目的不仅仅是为了钱，就像人活着不仅是为了吃饭，吃饭又不仅仅是为了活着道理一样地简单。

马克思得到钱的时候不去吝惜它，尽管在此之前苦受了钱的折磨，但他很快又将它放到自己想要急于办的事情上去。

得到了一笔小小的遗产，马克思就立即为一家人改变生活环境，让全家人享受公园式的美丽、幽雅的生活，让冥冥之中的母亲为孩儿一家的转机露出微笑。他又拿出生活外的所剩去资助贫困的朋友，要琳蘅寄给已去德国开展革命工作的威廉·李卜克内西。于是，从德国寄来的钱又很快返回德国去。

1864年5月初，突然从曼彻斯特传来了威廉·沃尔弗病重的消息，马克思大吃一惊，为了要和这位"好同志"再见一面，他急急忙忙赶到曼彻斯特。但沃尔弗却已于5月9日逝世，马克思没能同这位全家最亲密的朋友见上最后一面。但沃尔弗这个老单身汉却留下遗嘱把自己生活中积攒下来的大约 800 英镑留给了马克思一家。

马克思看到沃尔弗身上穿的破旧衣服,平时节俭的食物……这位严峻刚毅的男子汉几次中断了悼词。

早在 1862 年春季,《纽约每日论坛报》就已不请马克思撰稿了,因为美国国内事件已占了该报的全部篇幅。其他约稿的机会也不经常有。从 1864 年秋天起,国际工人协会的活动用去了马克思大部分的时间和精力,他忙于活动几乎断了稿酬。因此,1865 年 5 月,马克思一家又陷于贫困的境地。所有可以抵押的东西都逐渐进了当铺,然而即使这样,也还是不能使债权人满意。

为此,马克思的女儿们又不能到学校去上课了,一家又过着半饱的生活。

一次,恩格斯正好来家里,为了手里的写作想和马克思一同到英国博物馆和图书馆找资料。

"我自己也想上那儿去……"马克思只好这么说。

"那么,你穿衣服吧。"

但马克思却只是坐着不动。恩格斯再仔细看他的寝衣和鞋子,不禁大笑起来。马克思自己也觉得很滑稽,他竟又不能走上街去,因为鞋子完全穿破了,而上衣呢,也送到当铺里去了。

一天早上,马克思照常走进他的书房,准备工作。这已成了习惯,早晨必定要先看看报纸,他伸手向桌子的右边去取报纸,想拿来看一下,但却是空的。马克思皱皱眉头,打开了房门走出来。

马克思不耐烦地喊道:"燕妮!你忘了给我买报!"

燕妮走到马克思面前,轻声地说:"卡尔,钱不够买报纸了。"

马克思看着她耷拉着头,内心禁不住怜悯起妻子来了。他没有再说什么,向前用力吻了她一下,然后回到书桌旁边准备写稿子。

可桌子上翻不出干净的纸了,连一张也没有。剩下的全是写满了字的手稿。这一天,连买纸的钱也不够。

马克思想到要把两个大女儿介绍到工厂里去打工,恩格斯知道后心里非常难过,他反对马克思这样做,因为孩子还是读书的年龄。

恩格斯除每月定期从曼彻斯特寄来生活费外,又一次性寄来了1000塔勒。

马克思1865年7月底写信给恩格斯说:

> 起初我想上你那儿去当面谈谈这件事。老实告诉你,我与其写这封信,还不如砍掉自己的大拇指,半辈子依靠别人生活,每当想起这些,就不禁心酸。这时唯一能使我挺起身来的,就是我意识到我们两人正在从事一项合伙的事业,而我则把自己的时间用于这项事业的理论方面和党的方面。

他讲完自己家庭困难的状况,又详细介绍了《资本论》的写作进程和国际工人协会的事情。

马克思为了共同的事业,一心扑在了党的理论和工作上,仅靠自己研究外的余暇挤时间写些稿件得点稿酬养家糊口,他很少在金钱上有能力去接济朋友。可是,为着共同的理想、辉煌的人生,他的巨大的人格力量在起作用,朋友不看重他的金钱回报,看重的是用金钱无法比拟的、推进整个人类社会历史向前发展的不朽的科学事业。

人所具有的，我都具有

普卜利乌斯·忒伦底乌斯的《自我折磨者》一戏中有这样一句台词："我是一个普通的人，可人所具有的我无不具有。"这句话在马克思自白的尾声中像涓涓泉流坦露出来，便又增添了一层特殊的色彩。

俄国作家瓦·奇金别出心裁地通过《马克思的自白》和马克思的书信，同马克思开始了一场有趣的"交谈"：

"请原谅，尊敬的博士，在这简短谈话的开头我就想问一下：在您的生活里，难得轻易抽出宝贵的时间用于恢复体力，独自休息，那些日子不知您是如何度过的？"

马克思："……我住的是私人的房子，而不是旅馆或饭店，不然的话，就未必能避免关于当地的政治、教区的丑闻和左邻右舍的是非的那种令人厌烦的议论……至于我自己，则已经变成一根游荡的手杖，白天大部分时间散步、呼吸新鲜空气，一睡就是 10 小时，什么也不阅读，写得就更少了，完全陷于佛教视为极乐的精神虚无状态。"

"您在下棋上运用数学优势为朋友们所共知，和您赞同莱辛对象棋的评语'游戏，有许多正经的东西；正经的东西中，也有许多是游戏'的那些话也为人所知，然而这些能激起竞技精神吗？"

马克思："昨天晚上我们家里没有'骚动'，而是洛尔米埃一家来做客。我同路易下了两盘象棋，让他赢了一盘。你猜这个古怪的小伙子卡列班在告别时用最庄重的语调对我说了什么？——'但愿您对我不要见怪。'"

"由此说来，路易是把发怒与莎士比亚《风暴》剧中的半人半妖相提并论，使你的竞技才干受挫……然而博士，您对赌博有什么看法？据说您曾到过蒙特卡洛……"

马克思："我不喜欢去赌场。你想象一下，在饭店、咖啡馆等地方，人们谈论和窃窃私语的几乎全是关于轮盘赌……例如，一会儿某个年轻的俄国女人（某俄国外交官的妻子，'俄罗斯'旅馆的一个房客）赢了100法郎，当场又输了6000法郎；一会儿某人已经没有回家的路费了；另一些人输得倾家荡产；只有极少数人在这里赢了很少一点钱走了。我指的是赌徒中的少数人，而他们几乎全是富人。在这种场合下根本谈不到精打细算等等；只有很小很小的机会可以碰上好'运气'，尽管如此，如果人们有一笔可观的赌注，他们就会拿它去冒险。……确实有很多男女赌棍都相信这种纯属碰运气的赌博的科学；先生们和女士们坐在'巴黎咖啡馆'门前或娱乐场的美丽花园的条凳上，手持计算表（铅印的），低着头，在乱写乱画计算着什么东西，或者，一个人深思熟虑地对另一个人述说他所喜欢的是'哪一种办法'——是否应该赌'级数'……可以认为，人们入了疯人院。"

"现在谈谈幽默。说来真有趣，就像一个人握住长鞭子在自己身上开着玩笑似的。比如有这么一件趣事：有位年轻貌美被你迷住了的'陌生女人'发出盛大午餐的邀请，您如何答复呢？"

马克思："亲爱的'小人国'小姐！您要原谅我回信'迟延'了……在我收到我一点也不知道是哪个调皮鬼给我的请帖以后，我真有点糊涂了。但是我相信，您一定办得很光彩，您同包办筵席的人一定安排得很体面，我很愿意借着这次多少有些意外的机会来享用您的饮食。但是请您不要看轻喝的东西,据说女孩子是有这个坏习惯的。我有风湿病,所以希望在您的客厅里不要有穿堂风。必要的通风,我自己会来安排的。我的右耳有些聋,所以请您在我的右边安排一个谁也不喜欢同他交际的不爱说话的家伙。在我的左边希望您安排一个美人儿,也就是说,您的客人中的最美丽的女士。我有嚼烟草的习惯,请把烟叶准备好。我从前同美国佬打过交道,因而染上了吐痰的习惯,希望痰盂多放几个。因为我举止很随便,我受不了这种闷热的英国空气,所以您应当做好准备,就要穿像亚当那样的衣服来。我希望您邀请的女客也穿这种衣服。再见,我亲爱的不认识的小淘气鬼。永远是您的怪人博士。"

"您是否有收集遗物的嗜好呢?"

马克思:"库格曼在我的生日给我寄来了莱布尼茨工作室里的两条壁毯,使我非常高兴。事情是这样的,莱布尼茨的旧居拆掉了,愚蠢的汉诺威人本来可以用这些遗物在伦敦做一笔好生意,但他们却把所有的东西都扔了。这两条壁毯上的画面取材于神话,一条上面是尼普顿的波浪……另一条上面是维纳斯、阿穆尔……都带有路易十四时代的恶劣风格。但当时的手工、质量(耐用性)比现在的要好。我已把这两样东西挂在我的工作室里……我是佩服莱布尼茨的。"

"您是否常受忧郁情绪的压抑而经常沮丧呢?"

马克思:"有点怅然若失,有犯重忧郁症,像伟大的堂吉诃德一样。"

"您是怎样对待室内小动物的? 据说,留给您照管的动物,还得如期作'情况'和'自我感觉'总结报告……在恩格斯那里,这种情况多半是忧郁调子,仿佛某个'可怜的刺猬最后一次被灌醉了似的'……还是谈谈您的'报告'吧。"

马克思:"我亲爱的小古古(爱琳娜)!……首先说说你的动物。萨姆博几乎和我形影不离,它是想用这种或那种方式来补偿它的最高统治者不在家的损失。布莱基一切如常,像个绅士,不过像个很枯燥无味的绅士。托米又一次尽了它的全部力量来证明马尔萨斯理论的正确性。海伦今天似乎要消灭这个老妖婆的新后代。惠士基,这个善良的庞然大物,起初就像卡丽普萨一样无法安慰,并且由于你的离开而陷于绝望。它拒绝啃最好的骨头,根本不走出你的卧室并且整个说来表现出'美好心灵'沉痛的一切征象。只要一提起你的名字,它就要发狂。迪基原来是个很好的歌手,我们俩通过共同'练习'争先恐后地发挥自己的音乐才能。不过有时当我开始吹口哨时,迪基就像路德对待魔鬼一样对待我,它转身把自己的……冲着我。约科又出现了,但是它的情绪非常坏。它断定你不走以后,就神情忧郁,尽管海伦多次想抚摩它,但它总是拒绝。使约科伤心的另一个原因是,园丁把小花园收拾整齐了,而约科正当地认为这个世界是它的领地和官邸。约科现在失去了它所欣赏的小丘、洞穴、小坑和一切优美的紊乱状态。至于其他'动物',它们不属于不会说话的动物之列,而恰恰相反,是非常饶舌的,它们完全能出色地报告自己的情况,我现在对它们只字不提。"

"您是否对大自然的风景有强烈的爱感?"

马克思:"我的房间面对着地中海的一个海湾——阿尔及尔港,以及像罗马剧院那样沿着小山坡层层高起的别墅(这些小山的山脚下是谷地,上边是另外的一些小山);远处是群山;而且可以清清楚楚地看见麦提福角后面——卡比利亚山脉中——的雪峰,朱尔朱腊山脉的最高峰……再也没有比这里早晨八点的景致、空气、植物——欧洲和非洲奇妙的混合——更迷人的了……在近似半椭圆形的美丽的海湾里,海浪色调的变化非常有趣:雪白的浪花拍打着海岸,由蔚蓝变成碧绿……昨晚月光照耀下的港湾呈现出一幅美妙的图画。对走廊前面的海景,我总是看不够……对于我来说,再没有比阿尔及尔市,特别是它的郊区的夏天和春天更具有魅力的了,假使我身体健康而且我所有的亲人(尤其是几个外孙)都和我在一起的话,我会感到自己如同在《一千零一夜》中一样。"

"好了,就剩下最后一个问题了:如果您犯了错误,您会轻易地承认吗?"

马克思:"我随时都在准备着承认自己的错误。人所具有的,我都具有。"

一部准备了 15 年的手稿

马克思还在 19 世纪 40 年代担任《莱茵报》主编的时候,就对政治经济学问题产生了兴趣。他曾经这样说:"1842—1843 年间,我作为《莱茵报》的主编,第一次遇到对所谓物质利益发表意见的难事……是促使我去研究经济问题的最初动因。"

1843 年迁居巴黎以后,马克思孜孜不倦地研究政治经济学,仔细阅读亚当·斯密、大卫·李嘉图等许多资产阶级经济学家的著作,并做了大量的读书笔记。这一时期他经济学上的研究成果体现在《1844 年经济学哲学手稿》中。在这里,马克思提出了异化劳动的见解,这实质上是他的资本占有雇佣劳动理论的萌芽。

1845 年 2 月,马克思被法国政府驱逐出境,来到了比利时的首都布鲁塞尔。在这里,除继续研读以往经济学家的著作外,他还阅读同时代的资产阶级经济学家的作品,并收集有关经济学方面的材料。

马克思打算写一本经济学巨著,书名定为《政治和政治经济学批判》。1845 年 2 月,他同达姆斯塔德的出版商列斯凯签了出版合同,可是这一计划未能实现。列斯凯由于受到普鲁士政府和警察当局的压力,要求马克思把这本著作写成纯学术性的作品。马克思严词拒绝了这个无理要求,后来列斯凯取消了合同。尽管如此,马克思并没有停止对经济学的研究。1847 年出版的批判普鲁东的著作《哲学的贫困》和同年 12 月在布鲁塞尔德意志工人协会所作的《雇佣劳动与资本》的讲演,可见马克思当时的研究已经取得了很大的成果。当时马克思虽然还没有提出"剩余价值"这一术语,但他已经非常清楚地知道了"资本家的剩余价值"是从哪里产生的和怎样产生的。

由于积极投入 1848—1849 年革命的实际斗争,马克思一度中断了对政治经济学的系统研究。

革命失败后,马克思流亡到伦敦,重新钻研政治经济学。英国是典型的资本主义国家,英国博物馆、图书馆等对于"考察资产阶级社会是一个方便的地点"。

从 1850 年夏天到 1853 年 8 月,马克思从资产阶级经济学家的著作、官方文件和各种期刊中做了大量的摘录,写满了 24 册笔记本。

为了深刻理解资本主义生产,马克思还阅读各种自然科学技术书籍。例如,为了弄清地租,他研究了农艺学,特别是农业化学。他千方百计地熟悉科学技术上的发明创造。他在 19 世纪 50 年代的最初几年摘录了生产中应用物理学和数学等的历史资料。

19 世纪 50 年代初期，马克思着重探讨的是货币理论和地租理论。他再次仔细阅读李嘉图的主要著作《政治经济学和赋税原理》，并做了许多概括性的批注。

19 世纪 50 年代中期的一段时间，马克思忙于为报刊撰稿，没能够集中精力研究政治经济学。1857 年经济危机爆发，推动他加紧经济学的研究。他期望这次经济危机能引起新的革命。他想尽快从理论上进行总结，用社会发展的经济知识来武装工人阶级，提高他们的觉悟，使他们认清自己的革命任务。他夜以继日地进行着紧张的工作。

从 1857 年 7 月至 1858 年 5 月短短 10 个月的时间内，马克思写成了 50 个印张篇幅巨大的手稿，每个月完成 10 万余字的写作任务。这就是《资本论》的最初稿本。这部手稿在马克思经济学说的形成中占有非常重要的地位。正是在这部手稿里，马克思第一次提出了剩余价值理论，揭露了资本家剥削工人的秘密，为此继他的第一个发现——唯物史观之后，完成了第二个伟大发现。

这部手稿，马克思不是为了发表而写的，"是为了自己弄清问题"而整理的。从 1858 年年初开始，他在这一手稿的基础上开始写《政治经济学批判》一书，并打算分册出版。他本想尽快完成第一分册，但事与愿违，由于长期通宵达旦地工作，他劳累过度，不断患病。1858 年 4 月 29 日，他在给恩格斯的信中说：

> 我长久没有写信，可以用一句话向你解释，就是不能执笔。这不仅是就写作而言，而且是就这句话的本来意义而言的……给《论坛报》一定要写的少数几篇文章，我是向妻

子口授的,但就是这一点,也是在服用烈性兴奋剂之后才做到的。我的肝病还从来没有这样厉害地发作过,我一度曾担心肝硬化。医生要我旅行,但是,第一,经济情况不许可,第二,天天希望能够再坐下来工作。总是渴望着手工作而不能做到,结果倒使得情况恶化了。不过一星期来已有好转,但还不能工作,要是坐上几个钟头,写写东西,过后就得躺好几天不能动。我焦急地盼望这种状况到下星期能够结束,这事来得太不是时候了,显然是我在冬季夜里工作过度所致。

贫富的天平

马克思想到的是为创造社会财富的广大劳动者谋利益,为受苦受难的大多数人宣传革命思想,各国的反动政府都把他视为"洪水猛兽"。他们对马克思不是驱逐,就是流放。马克思只好带着全家浪迹天涯。1843—1849年,短短的6年时间内,马克思就被迫迁居达7次之多。没有一个国家的政府敢容留他,以至于马克思成为一个无国籍的人,一个世界公民。

流浪的生活,给马克思一生带来的最直接影响就是贫穷。他终生都在研究革命理论,宣传、鼓动革命,而没有一个用于谋生的职业。他唯一的经济来源是写书的收入,但是,由于马克思为了创立革命的理论,必须花相当多的时间去研究,所以,一点点稿酬根本无济于事。一部《资本论》,马克思写了半辈子,用他自己的话来说,《资本论》的稿酬,还不够他写作中抽的雪茄烟钱。

为了一家人的生活和继续进行研究工作,马克思和燕妮只好在赊购物品和典当财物中生活。燕妮结婚时陪嫁的银器当完了,又把小孩使用的银餐具送去抵押。当银具全部当完后,他们不得不典当衣服,甚至连上街要穿的外衣也难留下。典当的东西是可以赎回的,但马克思没有钱赎回。他只好托朋友去将物品赎回,然后卖掉,以多得一点点钱。只有属于小燕妮的餐具,他托人赎了回来,留给孩子一点安慰。

　　马克思常常因缺少买稿纸或报纸的几个钱急得团团转,为缺少寄稿子所用的邮票而在城内到处奔走。

　　最令马克思痛苦的是缴纳房租。连吃饭都成问题的马克思哪里有钱缴纳房租呢? 每到房主登门索租,马克思就把自己关在小书房中,由燕妮出面说好话,但好话当不了钱,他们往往被房主赶了出来,不得不另觅居所。在这种情况下,他们的居住条件只能越来越坏。

　　两个极不寻常的日子也不免沉淀在马克思的心中,"摩尔"——这个"黑雷公"般刚强的男子汉,每当想起这倒霉的两天,心中那架天平就不免有些颤抖。

　　讨账的一个接一个地上门来。马克思想方设法凑足了寄稿子的邮票钱,自然就没有了房租钱。流亡巴黎的一天,房主逼着燕妮立即交出拖欠的房租,只有5英镑,然而家里却连这5英镑都没有。于是,凶恶的房东叫来了警察,将他们的家具全部查封,将他们一家老小赶到街上。春寒料峭的日子,马克思夫妇抱着孩子,走了一家又一家,然而朋友们都难以收容他们这么一大家子人,最后还是一个流亡者借给他们5英镑,暂时付清了房租。

　　但是,当他们刚回到被查封的家里时,面包师、肉店老板、牛奶店老板都已"恭候"多时了,他们都是向马克思来索要欠账的,并声称"不还钱,就不走"。燕妮没有办法,家中能值几个钱的只有他们和孩子们睡的床,她只好将床搬到门口去卖。上百人都赶来看热闹,取笑这一对贫困中的夫妇,取笑这个"红色博士",然而却无人来买一张旧床。燕妮在这样的窘境中,只好偷偷地抹着眼泪,无声地抽泣。

就因为在如此贫困交加的生活里,孩子们得不到很好的营养,得了病也不能进行很好的治疗。骨肉生离死别的惨痛时刻再三地降临到马克思的头上。

1852 年的"复活节"不复活。家中连为孩子买小棺材的钱都没有了,父母亲及三个活着的孩子守护着失去生命的冰冷而苍白的小尸体,悲切地度过了那复活节的白天和黑夜。

这样的日子,作为血肉之躯的马克思有时想起它,心里也难免有些心寒战栗。但每当这时候,他又想到了同他一样甚至比自己处境更惨的工人、农民,想到了广大劳苦大众在压迫和剥削中横遭摧残,也想到了自己案前的为天下大多数人谋利益的《资本论》……于是真可谓"一正压千邪",心中那架天平即使有些晃动也是平衡的。

在精神上,马克思是富有的,他在为人民创造难以用金钱衡量的精神财富,但在物质上他却是贫穷的。然而他正是用自己终生的贫穷换来了人类不朽的业绩——

面对贫穷和其他无数困难,马克思一刻也不停止工作、奋斗,从来没有过垂头丧气,常常以他乐观主义的精神去感染燕妮和孩子们。在那小小的房子里,这在艰难中挣扎的一家人,不时爆发出一阵阵爽朗的笑声。

马克思用行动告诫自己和家人:"不管遇到什么障碍,我都要朝着我的目标前进!"

《资本论》的艰难问世

贫困的生活给马克思的写作带来了巨大的困难。为了养家糊口,马克思不得不经常花费很多时间为《纽约每日论坛报》等报刊撰稿,以取得微薄的稿酬。这就使他不能把主要精力用来写作经济学著作。

但写作拖延的更重要原因是马克思对自己著作的严格要求。1858 年 11 月 12 日,他给拉萨尔写信说:

> 至于手稿推迟一事,起初是病耽搁了,后来我为了稿酬必须赶写其他著作。但是主要的原因是:材料我已经搞好了,所差的只是给它一个形式。然而,在我所写的一切东西中,我从文体上感觉出了肝病的影响。而我有双重理由不允许这部著作由于医疗上的原因而受到损害:它是 15 年的,即我一生的黄金时代的研究成果;这部著作第一次科学地表达了对社会关系具有重大意义的观点。因此,我必须对党负责,不让这东西受肝病期间出现的那种低沉呆板的笔调所损害。

1858 年 5 月,马克思从《经济学家》杂志了解到资产阶级经济学家詹·麦克拉伦发表了《通货简史》一书,说:"我的理论良心不允许我不读这本书就写下去。"可是在英国博物馆、图书馆里,新书要几个月后才能见到。而马克思又买不起这本书。于是工作就停下来了。他不得不向亲密的朋友恩格斯求援,直到恩格斯寄来钱为止。

同年 8 月,马克思开始写《政治经济学批判》第一分册的初稿,用了 5 个多月的时间手稿写成了,但他却无法把稿子寄走,因为他身边连一分钱也没有,付不起邮资和保险金,而保险又是必要的,因为他没有手稿的副本。他在给恩格斯的信中开玩笑地说:"未必有人会在这样缺货币的情况下来写关于货币的文章!"只是在 1859 年 1 月收到恩格斯两英镑的汇款以后,他才把手稿寄给出版社。

马克思在《政治经济学批判》第一分册中运用唯物辩证法,深刻地揭示了商品的二重性、商品的使用价值和价值之间的矛盾。他发展了商品所凝结的劳动的二重性。这一发现非常重要,是"理解政治经济学的枢纽"。正是从分析商品这一资产阶级社会的细胞开始,马克思制定了他完整的经济理论。

第一分册在柏林出版后,马克思本想继续,可是状况并没有好转,为了取得一点报酬,他还是不得不花许多精力去干他不愿意干的事情。1862 年 4 月,他在给拉萨尔的信中谈道:

> 为了不致饿死,最近一年来我不得不从事最乏味的机械呆板的工作,而且往往整月整月不能为我的这部著作写一行字。

大量的实际活动也拖延了其他分册的写作。19 世纪 50 年代末和 60 年代正是民主运动复兴的时期。1864 年,伦敦成立了国际工人协会,即第一国际。作为这个协会的灵魂,马克思亲自起草协会的第一个"公告"以及许多其他决议、声明和《宣言》。

从 1861 年 8 月到 1863 年 7 月,马克思又写了 23 个笔记本,共约 200 印张。这是继 1857—1859 年手稿之后的整个《资本论》的第二个稿本。

在写作过程中,马克思于 1862 年改变了原来分册出版的想法,决定用"资本论"作为标题,"政治经济学批判"作为副标题来发表他的著作。从1863年年初起,他对手稿各部分开始进行详细加工,用大量的新材料和新的结论加以充实。他白天在英国博物馆、图书馆阅读各种书籍,夜间写作。

从1863年8月起,马克思把精力集中于研究在第二个稿本中没有得到充分发挥的那些篇章,首先是资本的流通和剩余价值的转化形式问题。同年12月底,他已完成了整个《资本论》的新稿本。他当时已经确定把这一巨著写成四册:

> 第一册是资本的生产过程;
> 第二册是资本的流通过程;
> 第三册是总过程的各种形式;
> 第四册是理论史。

恩格斯建议先把第一卷整理出来,马克思同意这样做,并开始对涉及第一册的内容部分进行誊写和润色。

经过一年多的时间,《资本论》第一卷终于大功告成。1867年4月10日,马克思亲自带着稿子,离开伦敦乘船去德国海港城市汉堡,把稿子交给出版商奥托·迈斯纳,然后到汉诺威去,住在他的朋友库格曼医生的家里。在那里,他校订了《资本论》的头几个印张。5月19日返回伦敦。大约经过三个月的时间,他看完了全部校样。同年8月15日夜里,他刚看完校样,就怀着十分兴奋的心情告诉恩格斯:

> 这本书的最后一个印张……刚刚校完……这样,第一卷就完成了。其所以能够如此,我只有感谢您!没有您为我做出的牺牲,我是绝不可能完成这三卷书的巨大工作的。我满怀感激的心情拥抱您!

马克思在第一卷题词献给1864年逝世的威廉·沃尔弗:

　　献给我永远怀念的朋友,勇敢的、忠实的、高尚的无产
　阶级先锋战士……

　　《资本论》前后历时 25 年,第一卷第一次印刷 1000 本,一部
划时代意义的著作问世,凝聚了马克思半辈子的辛勤劳动。

　　《资本论》以令人信服的逻辑,证明了资本主义社会必然会
被共产主义社会代替,指出了工人阶级的历史使命。由于《资本
论》揭示了资本主义社会的经济运动规律,马克思终于把社会主
义从空想转变为了科学。

　　在《资本论》里,马克思还阐明了科学共产主义的各个组成
部分,政治经济学、辩证唯物主义和历史唯物主义、社会主义革
命和无产阶级专政的学说。《资本论》一书是马克思理论创作的
最高成就。

　　早在第一卷印刷以前,马克思就已经准备好了其余两卷
的初步整理结构。1867 年 9 月以后,他立即继续从事这两卷
的整理和写作,可是他还没来得及脱稿,死神就夺去了他手中
的笔。

　　恩格斯把《资本论》第二卷、第三卷整理完毕并付印出版,不
仅是给他的朋友,而且也给自己,首先是给他们前无古人的伟大
友谊树立了一个永久的纪念碑。

　　马克思在手稿的第三卷末尾本应论述阶级和阶级斗争的发
展情况,可是他没能实现这个计划。在关于阶级的那一章开始
时,他的手稿就突然终止了!

德国通讯书记

劳动的人们,清醒点!
得看到自己的力量!
只要不想再干,
全部的机器都会停转。
你已累得筋疲力尽,
只要你把犁一扔,
大声喊叫,"这样下去不行!"
压迫者就会落魄丢魂。
把双重枷锁砸掉!
不受贫穷的苦!
解除当奴隶的烦恼!
自由就是最大的需要!

经过 10 多年黑暗的反动统治之后,德国重新有了一个不受资产阶级控制的工人组织。不仅是觉悟的工人,连进步的知识分子也产生了新的希望,同情或是参加了工人运动。这就是诗人格奥尔格·海尔维格在全德工人联合会成立不久写下的这首诗,歌颂这个组织。

威廉·李卜克内西于 1862 年夏天,经马克思同意,从英国返回德国,作为马克思、恩格斯所信赖的人在那里工作,并组织起这支工联队伍。

1863 年 5 月,全德工人联合会终于在莱比锡成立,斐迪南·拉萨尔当选为主席。

马克思为了德国工人阶级的利益,念念不忘随时返回祖国。所以他在柏林停留期间就积极活动以便恢复其普鲁士公民权。普鲁士政府在 1848 年不同意恢复他的公民权,现在仍然拒绝他的这项要求。柏林的警察局长毫不掩饰地声明拒绝的理由,说马克思的思想"是共产主义的,至少不是忠于君主的"。

马克思不能回国,德国的工作只有通过朋友在那里开展。

1864 年 9 月的一天晚上,英国、法国、德国、波兰、意大利和瑞士的几百名工人和民主派流亡者聚集在伦敦圣马丁教堂。马克思作为德国工人的代表和法国工人的代表、英国职工会领袖及其他各国派来的革命民主主义者一起,坐在会议的主席台上。

在这次会上,代表德国工人讲话的不是马克思,而是马克思向筹委会推荐的战友埃卡留斯,马克思亲自起草了发言稿。会议通过选举,国际工人协会筹委会领导成员中马克思的名字被列在末位。

11 月,组织了临时委员会,作为国际工人协会的中央委员会。中央委员会一致通过将马克思起草的《宣言》作为纲领,对临时章程也一致同意,这是科学共产主义的巨大成就,因为这样一来,在同国际内部所有非马克思主义流派作斗争的时候,无论在纲领方面还是在组织方面,都有了坚实的基础。

中央委员会的主席是英国工联的领袖、制鞋工人乔治·奥哲尔。总书记威廉·兰克默尔是英国木工和细木工联合协会的创建人之一。这两个人都或多或少地持有明显的小资产阶级改良主义观点。

在形式上,马克思并不是国际工人协会的主要领导人。总委会的主席和总书记都是英国工联的领袖,埃卡留斯也当过好几年的总书记。马克思接受那些住在伦敦的德国工人的建议,当了德国通讯书记。在总委员会里几个国家的通讯书记,同主席和总书记一起组成了一个常务委员会。这是一种特设的领导小组,负责准备总委员会的会议和决议案。马克思经常提出深思熟虑的有益建议,所以在常务委员会中很快就赢得了大家的高度尊敬和充分信任。他简直成了不可或缺的人物。《资本论》出版的第一天,国际工人协会作出决定,建议所有的工人学习《资本论》,马克思的这部"工人阶级的圣经"在"国际"这支无产阶级大军中很快显示出巨大的威力。马克思这位通讯书记通过德国工联的朋友积极工作,争取德国工联组织加入国际组织。

在国际工人协会中,马克思又担任了俄国通讯书记。他最终虽然没有担任过"国际"的主席和总书记,但却是"国际"的实际首脑。从1864年"国际"诞生直到"国际"解散,马克思始终为制定"国际"的纲领、路线和策略操心,为"国际"开展有效的活动和斗争承担主要的责任。"国际"的文件、决议和《宣言》几乎都出自马克思之手,"国际"对重大问题采取的措施和在关键时刻作出的决策差不多都是由马克思所倡议。

马克思通过"国际"同各国工人组织建立起了密切的联系,从他们那里了解各国工人运动的情况,仔细研究他们寄来的消息和材料,认真考察有关各国的文献和资料,对他们的斗争策略提出中肯的意见。马克思在"国际"中起着无人能比的重大作用,享有了极高的威望。

第五章

永垂不朽

"知天命"的欣慰

马克思这位德国通讯书记,一直在为德国统一、建立德国社会民主党的工作因受拉萨尔和施韦泽的阻挠而不快。他对施韦泽推行的纲领并为俾斯麦的统治效劳非常气愤,也为自己和恩格斯等"非常政治人物"不能回到祖国而苦闷。他只有寄希望于《资本论》和朋友李卜克内西、倍倍尔及国内工联会的影响力了。

5月的太阳照耀在伦敦上空,马克思从英国博物馆里走出来,绕道经过市街,走到国会大厦,这时一个声音迎面截住了他。

"老尼克!"

这是女儿小燕妮在亲热地喊马克思的绰号。绰号是这一家子在伦敦生活中特有的幽默。在贫穷和苦恼中的家人常能从中寻找到一份轻松。夫人和儿女们常因为丈夫和父亲黑得可爱称马克思"摩尔""老尼克"和"山神",有的朋友因马克思黑得严峻又亲切称他为"雷神"。孩子们把妈妈唤作"妈咪",把琳蘅换作"尼姆"。女儿们的绰号叫起来特别响亮、特别可爱,这却是马克思的发明了:大女儿燕妮叫"中国皇帝奎奎",劳拉叫"卡卡杜"(意思是白鹦鹉),爱琳娜则有好几个外号——"杜西""中国王子古古"或是"矮子阿尔则利希"。从这里可见马克思和中国有一种特有的潜在感情。

马克思听到女儿这么亲热地唤他,他心里已预感到喜事要来临。

小燕妮跳到父亲跟前,紧紧地抱住他。

小燕妮已经25岁了,她像崇拜偶像似的热爱着父亲。她也很快成为伦敦的一位政治活动家。小燕妮为分担家庭经济上的困难,不经得父亲的同意就在一个英国人的家里担任家庭教师。马克思常在家里接待的两位国际社会主义活动优秀青年又都被两个女儿看中了,小燕妮与比利时的优秀青年龙格很要好,前不久劳拉同一位常来家里拜访"国际领袖"的法国优秀青年保尔举行了婚礼。马克思也为孩子们政治上与自己志同道合而有说不出的高兴。

这时,小燕妮从爱森纳赫传来一个消息,她必须立即告诉父亲。她急得喘不过气来,抱住父亲好一会儿才说出话。

"什么事情? 孩子,快说呀!"马克思说。

"邮局送来了一个好消息。"她终于说道,"倍倍尔、李卜克内西的愿望在爱森纳赫实现了,社会民主党在代表大会上已经建立,他们决定加入您的'国际'!"

马克思惊喜地站在街心,小燕妮见他喜色满面,注意留意父亲内心的活动。一会儿,马克思突然抱住女儿的肩膀,大步向前走去,一会儿又突然丢下了小燕妮,让她几乎跟不上他。

"这件事好,实在太好了! ……建立了一个革命党……我必须听听恩格斯对此有什么看法。"

马克思迅速来到书房,要给亲密的战友写信。

写完信,匆匆署了名、日期:"5 月 5 日"。

"哟,1868 年的今天,正是 50 岁生日哩!"

马克思激动不已。他想自己的境况仍然贫困得要靠他人接济过日子……岁月不饶人,头发胡须花白了,身体在熬夜时已明显没有了当年的耐力、支撑力。

马克思回到书桌上,重又打开去年出版的《资本论》第一卷,把序言的最后几句话读出声来:

　　　　任何的科学批评的意见我都是欢迎的。而对于我从来就不让步的所谓舆论的偏见,我仍然遵守伟大的佛罗伦萨诗人的格言:走你的路,让人们去说吧!

马克思又想起青年时代、大学生时代,回想起《新莱茵报》、革命以及后来的那些年代……

流亡的岁月是难以忍受的,它带来了饥饿、贫困和疾病,也带来了无数的烦恼和可恶的事情。但是,马克思完成了两件重大的历史性工作:建立了"国际",写完并出版了《资本论》第一卷。50 岁的马克思,又获悉祖国建立了民主革命党,并已决定加入"国际"。

这时,马克思像往日熬夜吃了兴奋剂一样的黑脸膛热腾得赭红赭红的。他立即伏身写字台,翻阅草稿本,继续写作、整理他的《资本论》第二卷。直到全家人和有心的朋友在家里张罗给他祝贺生日,他才很不乐意地站起身来。

妻子燕妮今天给马克思破了例,让他痛快地喝葡萄酒、抽烟,让他尽兴。

梅特兰公园路的莫丹那一号别墅,热闹过后,书房里的灯光又是通宵长明。

挚友的相处

听说恩格斯要离开曼彻斯特,离开欧门一恩格斯公司到伦敦来住,马克思高兴得整日哼着小调。他近日放下了一切工作为恩格斯找合适的住宅。

1848 年革命失败后,他们不得不分开,两位最好的朋友已经分离近 20 年了。为了生计,也为了革命而分离,现在为了友谊、为了革命又要朝夕相处了。

马克思和恩格斯都具有鲜明而突出的个性,在外貌、气质等方面各有不同。

恩格斯特别注重仪表,总是精神抖擞,衣着整洁,像普鲁士军队里当志愿兵时准备参加阅兵典礼似的,平时省吃俭用,绝不乱花一个钱。

恩格斯热爱学习,对各种知识都有兴趣。革命失败后,他乘帆船取道热那亚到英国,利用这个机会学习航海知识,每天在船上写日记,记录太阳的位置、风向、海潮的变化。最先吸引恩格斯的是语言学和军事艺术。普法战争更引起了这位军事战略家的注意,他每天注视作战双方的军队,而且从他在《派尔—麦尔新闻》发表的论文中可以看出,他经常预测德军参谋总部的战略部署。恩格斯曾预言拿破仑军队将被包围。这些预言引起了英国报刊的极大注意,被人疑为是出自军事专家之手,因此,马克思的大女儿燕妮送给他"将军"的绰号。

恩格斯会20多种语言,并且还注意研究他所到地方的方言,为了使和他通信的对方高兴,他常故意把对方语言的方言写进信里,曾用俄文、法文、波兰文等文种给当地的友人写信。收集方言通俗作品更是他的一种业余爱好。

没有一种知识是恩格斯不感兴趣的。一次,因为住在他家里的弗赖贝格尔夫人当时正在准备医学考试,他便也很有兴致地阅读起产科医学书籍。马克思曾指责他,说他为了个人的爱好去研究许多科目,分散了精力,"没有考虑到为人类工作"。恩格斯也笑马克思说:"我倒很乐意烧掉那些关于农业情况的俄文书刊,这些书多年来使你不能写作《资本论》!"

马克思称恩格斯是一本"百科全书"。但恩格斯却丝毫没有关在书房里的学者气,他是一个好动的勇敢"骑手"。在生活上却很有条理。他把什么东西都抄录整理保存下来。工作起来反应敏捷、速度惊人而有条不紊,在他那宽敞而明亮的工作室里,靠墙的地方摆满了书柜,地板上没有一片纸屑,而书籍,除了放在书桌上的10来本,都放在应放的地方。一位学者的工作室倒像一间客厅。

恩格斯是一个较好的战略家,却不是一个优秀的指挥员,马克思的组织才能不能不为恩格斯所佩服、倾慕。马克思离开《新莱茵报》时总让恩格斯代替他的领导职务,虽然恩格斯在编辑部才华横溢,可还不像马克思那样享有很高的威信。有一次马克思从维也纳回来,恰好碰上编辑部内部闹纠纷,恩格斯感到很棘手,当时关系非常紧张,似乎只有决斗才能解决问题了。马克思的到来,使问题很快和解,恩格斯称他生来就是一个天才的领导人。就连在马克思非专长的事情上也能博得大家的完全信赖。沃尔弗在曼彻斯特病危的时候,医生认为他已经没有希望了,但是恩格斯和沃尔弗的其他朋友们都绝不相信这个冷酷的判决,他们异口同声地说应当马上打电报请马克思来。

这两位极好的朋友也有意见不一致的时候,但尽管一时争执得面红耳赤,过后谁都不记在心中。一次他们为阿尔比教派的问题争论了好几天。当时马克思正在研究中世纪犹太教和基督教财政学家的作用。为了取得一致的意见,他们在下一次见面以前都各自要仔细地思考争论的问题。对他们来说,任何对他们的思想和著作的批评都不及他们彼此交换意见那样意义重大,马克思称赞恩格斯博学,思想灵敏,恩格斯对马克思的分析和综合能力深表赞叹。

看起来,恩格斯外表显得"骑士"般浪漫,其实他是非常持重的人。就连整天同他打交道的商人也认为他只不过是一个善识醇酒美味和谈锋甚健的人物而已,但恩格斯却从不轻易在不投机人的面前表露自己的学识,马克思称他是一个欧洲最有教养的人。

恩格斯本人的治学态度非常严谨,但他屡次为马克思那种谨慎的学习态度而烦恼,因为马克思无论提出一个什么问题,不再三用不同的方法证明是不轻易提出来的。马克思自从和恩格斯交往以后,他所有的著作和文章,没有一篇不经过恩格斯阅读就发表,没有一篇不征求恩格斯的意见就付印,马克思在各个领域的研究科目上总要听恩格斯的意见才最后作出结论。马克思曾对恩格斯说:"我对一切事物的理解是迟缓的……我总是踏着你的脚印走。"但恩格斯认为"马克思是人类的天才,而我们最多只是能者"。他始终谦逊地自称是"第二提琴手","我高兴有像马克思这样出色的第一小提琴手"。

友谊佳话

为了让马克思在反动年代里比较顺利地继续进行科学研究和从事革命活动,恩格斯作出了巨大的自我牺牲。

1850 年 11 月,恩格斯回到曼彻斯特,重新同自己一向厌恶的"鬼商业"打交道。从那时起的 20 年间,他仿佛过着两种不同的生活——

从上午 10 时到下午 4 时,恩格斯是商人,用几种文字为公司起草与国外来往的信件并出入交易所。为了接待商界的熟人,他在市中心区设有一处专用寓所,而城郊的那所小房子,只有他那些政治上和学术上的朋友才能登门。

恩格斯的妻子是爱尔兰人,她是一个和燕妮一样热情的爱国者,当时在曼彻斯特住着许多爱尔兰人,她始终和她的同胞保持着联系,她对恩格斯的一切秘密革命活动非常熟悉,不少爱尔兰芬尼亚社社员把恩格斯家当作避难所,有一个被押赴刑场的芬尼亚社社员的领导人就是有恩格斯夫人的帮助才得以从警察手中溜走。

只有到了傍晚,恩格斯才摆脱商业,回到自己的小房子里成为自由人。

20年间的两种人两种生活,恩格斯心甘情愿地给自己套上了这副可憎的枷锁,只为在经济上给予马克思一家尽可能多的援助。

开始时恩格斯只能不定期地给马克思寄去几英镑,后来他每月甚至每周定期汇款给马克思。若干年后,恩格斯成为"欧门—恩格斯"公司的股东,不断把大笔款项寄往伦敦,使马克思在最困难的时候免于挨饿,在生活稍有改善时能更加安稳地工作。

后来有一天,恩格斯去营业所时忍不住高兴地喊道:"最后一次了!"他挥舞着手杖唱着歌回到家里,同亲友们一起像过节一样庆祝,自己最终摆脱了这种可恶的生活。因为恩格斯终于与公司达成协议,让他拿走一笔款项,足以保障他自己和马克思全家今后起码的生活开支。

风华正茂的恩格斯能如此平静地忍受他最讨厌的生意达20年之久,这"不仅是为了帮助朋友,而且是为了保存党的最优秀的思想家"。马克思非常理解恩格斯友谊的分量和价值,有时激动得流出泪来。

恩格斯白天坚持在营业所里安分工作,宁肯多受些苦,晚上又把大部分时间用来帮助马克思。马克思当时还不能用英文熟练地写文章,他给《纽约每日论坛报》写的德文通讯稿全部由恩格斯译成英文。为了赶上邮船班次,及时把稿件寄到美国,恩格斯常常连夜把马克思的文稿翻译过来,有时还要对文章进行修改,最后亲手在深夜里把它送交给邮局寄出。1852年10月14日恩格斯在给马克思的信中说:

> 要替你翻译全篇文章,我的身体不行。我是今天早

晨收到文章的。整天在办事处,脑袋都忙晕了。今天晚上七八点喝完茶才把这篇东西读了一遍,然后动手翻译。现在是 11 点半,我译到文章自然分段的地方,并把译好的这一部分寄给你,12 点文章必须送到邮局。……其余部分将很快译完,下星期你经南普顿把这部分寄出,或者在星期五寄出,同时你应该把你下一篇文章写完。

后来马克思虽然能够用英文流畅地写通讯,但恩格斯为了让马克思有更多的时间专心致志地研究经济学,早日结出丰硕的成果,干脆代替马克思给《论坛报》写了大量文字,他根本不顾自己在学术上取得更大的成就的可能性,全心全意为马克思进行研究工作创造一切条件。马克思对恩格斯的这种高尚的自我牺牲精神深为感动和不安,他在信里对恩格斯说:

> 我的良心经常像梦魇一样感到沉重,因为您的卓越才能主要是为了我才浪费在经商上面,才让它们荒废。

马克思和恩格斯虽然长期两地分离,但他们的心却是息息相通的。频繁的通信是联系他们的纽带。在这 20 年间,他们来往书信 1300 多封。信中探讨哲学、经济、历史、军事、政治等方面的各种问题。

两人的风貌、气质和个性虽各具一格,可思想、感情和志向完全融为了一体。在政治风浪中并肩战斗,在科学熔炉里切磋互勉,在人生的坎坷道路上彼此激励。马克思在不幸的时刻,把恩格斯的友谊看成是人生最大的慰藉。他在痛失爱子之后写信给恩格斯:

> 在这些日子里,我之所以能忍受这一切可怕的痛苦,是因为时刻想念着您,想念着您的友谊,时刻希望我们两人还要在世间共同做一些有意义的事情。

　　而恩格斯在他的夫人去世时也只有马克思能为他分忧,马克思写信给他说:

　　　　回答吧,老伙计,如果你心里有什么疙瘩,那就像个男子汉那样坦率地说出来,你要相信,世上没有一个人这样真心地关切你的快乐,除了你的摩尔。

　　1870年9月,恩格斯终于迁到伦敦的瑞琴特公园路的寓所,从这里到马克思住的梅特公园路只要步行10分钟就够了。每天下午一时左右,他就上马克思家里去,如果天气晴朗,马克思兴致又很好的话,他们就一起到汉普斯泰特荒阜散步。如果由于某种原因不能出外散步,他们便在马克思的工作室里,各自沿着一条对角线走来走去,接连谈上一两小时。

　　由于马克思的建议,恩格斯在迁居伦敦后,马上就被选入国际工人协会总委员会。他首先当比利时的通讯书记,不久又担任了西班牙、意大利、葡萄牙和丹麦的通讯书记。

　　恩格斯逃出了他办事处“埃及式的囚禁”以后,正如他写给母亲信中所说的那样,感到自己“已经完全变成另一个人了,年轻了10岁”。

　　他们的友谊都日渐影响了全家大小,马克思的女儿也就成了恩格斯的孩子,燕妮三姐妹都把“将军”当作第二父亲。连琳蘅这位马克思的朋友和管家在马克思逝世后也把对马克思一家的友爱转移到了恩格斯家。1894年,恩格斯将自己的遗嘱告诉劳拉和杜西,他把自己的遗产分为三份,劳拉和杜西各得一份,第三份留给已不在世的小燕妮的孩子们——“……你们可以按照你们对孩子的道义感和爱去安排使用。”

"公社万岁！"

1870 年秋天，马克思连日来非常高兴，恩格斯搬来伦敦前不久，马克思起草的国际工人协会总委会关于普法战争第二篇《宣言》于 9 月 9 日正式通过发表。

这篇《宣言》揭穿了普鲁士政府的侵略意图，揭露它为吞并别国领土而辩护的虚伪借口；明确地规定了德国工人阶级的国际主义任务，反对政府吞并法国领土的企图，争取同法国订立光荣和约，承认法兰西共和国；指出法国工人阶级当前的斗争任务，不是马上推翻临时政府，而是以积极的态度执行自己的公民职责，保卫共和国；法国工人阶级要吸取法国大革命以来人民受资产阶级欺骗的历史教训，正确处理民族矛盾和阶级矛盾的关系，"不是应该重复过去，而是应该建设将来"。

1870 年 10 月 31 日和 1871 年 1 月 22 日，巴黎工人两次举行起义。

1871 年 3 月 18 日清晨，巴黎终于被"公社万岁"的雷鸣般的口号惊醒了。

巴黎城到处敲打警钟，武装的和非武装的工人向政府大厦推进，政府军队逮捕了他们的将军，并且与工人们联合起来。

政府大厦被占领了，红旗——自由的旗帜立即在市政厅的上空飘扬。无产阶级第一次夺取了政权！

消息传到伦敦，群情振奋，马克思和国际总委会的委员们都十分高兴。

马克思焦急地注视着巴黎城内的事件，他曾作为政治流亡者在这个城市住过，而且他自己在那里从一个革命的民主主义者转变为了共产主义者。

贫苦市民的困难由公社采取紧急措施予以减轻,他们分得了生活必需品。店铺照常营业,厂主逃亡了的工厂和作坊又迅速恢复了生产。贫民窟的穷人迁进了逃亡富人的住宅。公社实行义务教育和免费教育,建立了托儿所和幼儿园,妇女和男子实行同工同酬。

但是公社领导得意忘形,最终没有认真考虑马克思的忠告。他们只局限在巴黎,没有向凡尔赛进军,未能在反革命利用时间积聚力量之前消灭反革命势力。

由于普鲁士—德意志占领军的阻挡使巴黎同外省隔绝,革命军处于梯也尔军队严实的包围之中。俾斯麦释放了10万名战俘,以增长梯也尔军队的力量去打击公社。

在拉雪兹公墓的最后保卫战中,公社战士们高呼"公社万岁"的口号在枪林弹雨中一个个倒下……

胜利的资产阶级向无产阶级进行残酷的报复。刽子手加利菲枪杀了两万名手无寸铁的男人、妇女和儿童。

巴黎公社社员英勇战斗了72天,人类第一个年轻的无产阶级政权被镇压在血泊中。

反动派胜利了。普鲁士国王威廉一世在凡尔赛宫的镜厅举行德国国王加冕典礼,通过掠夺战争而成长起来的普鲁士军国主义国家把它的影响扩大到了全德意志境内。德国被"普鲁士"化了,并且变成了一个独一无二的兵营。

的确,新的德意志民族国家对于以前不统一的德意志联邦来说是前进了一步,为资本主义迅速发展开辟了自由的道路,德国工人在资本主义竞争、兼并的大工业企业中从此也强大起来。马克思、恩格斯的学说在欧洲革命斗争最前线的德国工人中广泛传播。

工人阶级虽然在组织上还不统一,目标上还不协调,但是他们中有两位马克思身边派来的可信赖的领袖——倍倍尔和李卜克内西。

面对巴黎公社的胜利和失败，面对德国新的希望，马克思深信公社原则是永存的，是永远消灭不了的。

1871年5月下旬，正当巴黎人民抗击凡尔赛政府军队的进攻进入高潮的时候，马克思就已经预感到公社将要失败。他在5月23日总委会上的发言就表示担心这个结局的到来。但他却不为失败而沮丧，而是为无产阶级完全有能力打碎旧的国家机器的伟大成功尝试而欣慰。

根据马克思的提议，起义刚过10天，总委会就同意由马克思起草一个面向全世界关于斗争总趋势的宣言。马克思用一个半月的时间赶写出《法兰西内战》的初稿、二稿和最后定稿。

在《法兰西内战》中，马克思用大量事实揭露法国反动政府卖国投降和挑起内战的经过和实质。揭露资产阶级反动政府主要成员的丑恶面貌和肮脏历史，使人们认识到资产阶级反动政府采取对外投降、对内镇压的政策绝不是偶然的。

在《法兰西内战》中，马克思详细叙述了巴黎人民起义的经过和起义失败的主要经验教训。他指出，起义胜利后，巴黎人本应乘胜追击，扩大战果，不使敌人有喘息之机，但是领导这次起义的国民自卫军中央委员会却没有这样做，埋下了隐患，使敌人东山再起，卷土重来。

在《法兰西内战》中，马克思发表了无产阶级专政的学说，他首先分析了法国资产阶级国家机器演变发展的历史，说明资产阶级国家实质上是少数剥削者压迫多数劳动者的工具。资产阶级国家的政权形式可以变来变去，多种多样，但"万变不离其宗"，不过是统治权从一个集团手里转到了另一个集团手里。而在这个过程中，倒霉的是劳动人民，国家机器的每一次变动，结果只能是对人民更加凶恶的奴役。因此，对于无产阶级和整个劳动人民来说,不能把奴役他们的国家机器当成解放他们的工具来使用。无产阶级要获得解放,"不能简单地掌握现成的国家机器,并运用它来达到自己的目的",而必须摧毁它、打碎它。

1871年5月30日,即巴黎公社最后一个街垒被梯也尔军队攻占后的第三天,马克思在总委会上宣读了《法兰西内战》这份气势磅礴的宣言,义愤填膺地声讨了梯也尔政府勾结俾斯麦、残酷镇压巴黎公社的滔天罪行,满腔热情地颂扬了巴黎劳动人民在强敌面前视死如归、英勇不屈和自我牺牲的精神,并且深刻阐明了巴黎公社的伟大意义。它得到了与会者的一致赞同和批准,并立即在伦敦用英文印成小册子发表。在发表后不到两年时间,它被全文或部分译成德文、丹麦文、法文、荷兰文、意大利文、波兰文、俄文、塞尔维亚—克罗地亚文和西班牙文,发表在欧美许多国家的报纸杂志上,或以单行本的形式出版。它成为马克思所有著作中在短时间内流传最快、出版数量最多的一部著作。

国际总委会发表《法兰西内战》是公社失败后采取的第一个重大行动。正当各国资产阶级、反动报刊和欧洲各国政府利用公社的失败,对国际工人协会和公社参加者大肆进行诬蔑诽谤的时候,总委会公布了这个宣言,宣布自己的严正立场,拥护公社的一切活动,伸张了正义,提高了国际威望,促进了公社参加者内部各派以及各国工人和公社参加者之间的革命团结。

公社失败后,梯也尔政府对公社参加者和巴黎的无辜平民进行了惨无人道的迫害和镇压,数以万计的人在白色恐怖下不得不暂时远离祖国,流亡他乡。

6月6日,梯也尔政府彻底镇压公社运动后,又趾高气扬地向欧洲各国发出通告,说国际工人协会是公社的策划者和后台,要求各国政府协同一致地同国际工人协会作斗争,直至把"国际"完全消灭。

这样,马克思和国际总委会同时面临着紧迫任务:揭露梯也尔政府的谎言和诬蔑,反对各国政府的迫害,积极援助公社失败后幸存的流亡者。

马克思及时组织了营救公社流亡者的国际救济委员会,女儿燕妮担任这个委员会的秘书。他们募捐钱物,想办法搞护照,美国等各地工联会协同配合营救大批公社社员。

1871 年夏天,得以回到伦敦的勇敢的公社战士欧仁·鲍狄埃,随身带着一首在流亡期间偷偷写下的诗。这首诗描写巴黎革命虽然被镇压下去了,但是革命的烈火熊熊燃烧着,成了国际工人运动的灯塔。一年以后,这首诗被译成了多种文字——成了在马克思、恩格斯意旨的指引下英勇斗争的国际无产阶级赞歌,成了向全世界各国各色人种的被压迫者和被剥削者发出的激动人心的号召:

> 起来,饥寒交迫的奴隶!
> 起来,全世界受苦的人!
> 满腔的热血已经沸腾,
> 要为真理而斗争!
> 旧世界打个落花流水!
> 奴隶们起来,起来!
> 不要说我们一无所有,
> 我们要做天下的主人!
> 这是最后的斗争,团结起来到明天,
> 英特纳雄耐尔就一定要实现!
> 这是最后的斗争,团结起来到明天,
> 英特纳雄耐尔就一定要实现!
> ……

写字台上的"休息"

马克思经常整日整夜地工作,疲倦的时候也有他休息的办法。

写作写得手发麻,坐得屁股胀痛时,马克思便在室内来回走动。从门到窗之间的地毯上踏出一条痕迹,就像穿过草地的一条小路一样,每当在这"草地的小路上"萌发出灵感来,又立即伏身写字台延伸着稿纸上的那条小路,两条小路交替延伸,既活动了四肢,又活跃了思路。

思考问题头脑发胀时,马克思拿出一本小说翻翻,或躺在沙发上读出声来,有时两三本小说同时进行,轮流阅读。或背诵海涅和歌德的诗歌,说上一段莎士比亚的台词,品味巴尔扎克的《人间喜剧》,他把司各特的长篇小说《清教徒》当作典范作品反复精读,更喜欢探险故事和幽默的短篇小说。

对一种文字的抄写枯燥乏味时,马克思不强迫自己做乏味的劳动,歇下来,学习、抄写另一种语言和文字,他常说:"外国语是人生斗争的一种武器。"50岁的时候他才开始学习俄文,半年如此断续地学习,使他能津津有味地阅读俄国的文学作品和官方的调查报告,他特别喜爱俄国文学家普希金、果戈理和谢德林的作品。马克思没有用较长的时间去专门学习什么外语,他就是在这种"休息"的时候掌握了欧洲一些国家的文字,最后能运用法文、英文进行写作。

除了以上这些写字台上的休息,马克思还有一种独特的精神休息方法。特别是在生活最痛苦的时候,尤其是在夫人病危的那些日子里,他无法继续照常从事科学研究工作,只有让自己沉浸在数学里才勉强得到些微的安宁,他去演算数学题,证明公式……整理出了一篇微积分的专论,同时也在高等数学中找到了最合逻辑形式和最简单的辩证运动。他还认为,一种科学只有在成功地运用数学时,才算达到了真正完善的地步。

尽管马克思每天深夜三点才睡觉,但每天早晨八九点钟就起床了,中午在沙发上睡一两个钟头。天气不好,傍晚不能外出散步时,他几乎是通宵达旦地坚持写作,又坚持在写字台上"休息"。紧张时琳蘅呼唤他几遍才下楼到餐室,又几乎不等咽下最后一口饭又回到书房,回到他心爱的写字台旁。

伦敦老人

长期的劳累,严重损害了马克思的健康。这位 54 岁的"伦敦老人"也确实衰老了,乌黑的头发和鬓须明显花白,只有上唇胡须还依然乌光发亮而显出其矍铄的精神来。

过度使用脑力而引起的剧烈头痛和严重失眠常使马克思不得不中断工作。在医生的劝导下,马克思曾到几个疗养地做过短期疗养,但效果不明显。为此医生不得不限定他的工作时间,每天不得超过 4 小时。不能尽情工作,这对马克思来说真是极大的痛苦。但他的健康状况却越来越差。1873 年年底,马克思脸部等处又长了许多痈,动了手术;不久,原先没有痊愈的肝病又急性发作,使马克思几乎完全丧失了工作能力。医生坚持要马克思到离伦敦较远的卡尔斯巴德去疗养,因为那里的矿泉水对马克思恢复肝功能和治疗过度疲劳的神经系统会有疗效。

马克思本不愿去卡尔斯巴德,一来是考虑路途遥远,花费太大;二是担心会遭到奥地利政府的驱逐。但又考虑到不去治好病万事皆空。这时马克思的小女儿爱琳娜患病,医生也劝她去卡尔斯巴德疗养。为了心爱的女儿,马克思就决定同女儿一道前往。

卡尔斯巴德是一个景色优美、气候宜人的疗养胜地,在它的城堡山街,有一座较豪华的旅馆"日耳曼尼亚旅馆"。1874年8月19日,在旅馆的疗养登记簿上,出现了一个"食利者查理·马克思"的名字。这是马克思为了迷惑奥地利警察而用的化名。

自从《共产党宣言》发表后,特别是经过了"国际"的10年斗争,马克思的名字已经响彻整个欧洲。在统治阶级的眼里,它简直"恶名昭著",已成为危险可怕的代名词,必欲去之而后快。马克思深知这一点,为了能安安静静地养病,避免不必要的麻烦,就用了"食利者查理"这个化名,并在生活上保持了"显贵的外表"。尽管如此,10多天后,马克思的行踪仍为反动派所知晓。8月30日,维也纳的一家报纸《喷泉报》披露了马克思的真实身份,"'国际'的多年的领袖马克思和俄国虚无主义者的首领,即波兰拉特伯爵,一起到卡尔斯巴德疗养来了"。从此以后,马克思在卡尔斯巴德的行动就受到了奥地利警探的监视。但马克思已经缴纳了疗养税,又没有其他把柄可抓,奥地利政府一时也对他无可奈何。

马克思按计划在卡尔斯巴德疗养了一个多月。他与爱琳娜严格遵守医生规定的生活制度,每天定时起床,定时到各自的矿泉去喝矿泉水,定时进餐、散步、就寝。生活有规律,玩得也愉快。马克思是一个很使人喜欢的旅伴。他总是那么风趣幽默,兴致勃勃,不管是美丽的风景还是一杯啤酒,他都能尽情地享受。他的历史知识非常渊博,每到一个新的游览地点,他都能把这个地方过去的情形描绘得比其他同路人见到的更生动。

经过疗养,马克思的病情大为好转,肝功能逐渐恢复。一个月后,马克思结束了在卡尔斯巴德的疗养,返回伦敦。途中,又在德累斯顿、莱比锡、柏林和汉堡停留了两个星期,做了些补充治疗,并且会见了德国社会民主党的一些领导人和活动家,商谈了一些党内事务和同拉萨尔主义作斗争的问题。

经过几十年艰苦卓绝的斗争,马克思虽然只能经历那个由巴黎公社开始的新时代的初期,然而,老人看到了他们和国际工人协会播下的种子已经发芽了。马克思的思想已经在越来越多的国家生根。这些思想已开始被群众掌握而变成了一种物质和精神的合力,世界上没有哪种政权能够忽视它。1871年,倍倍尔和李卜克内西把马克思的画像同朱泽培·加里波第及维克多·雨果的肖像一起在莱比锡春季博览会上展出。李卜克内西写信给马克思说:"虽然你自己不争名,可是你毕竟逐渐地成了'当今的英雄'。"

1872年,为了德国的需要,必须准备出《资本论》的修订再版了,计划印3000册。人们对《资本论》的兴趣在不断增长。1871年4月,马克思收到李卜克内西的信:"德国全国各地都在根据你的《资本论》作关于剩余价值和标准工作日的报告。在工作日问题上将进行一次群众运动。"这些以及诸如此类的消息,使马克思和妻子燕妮深深地感到,他没有白费力气,她也没有白过这些年的贫穷日子,工人们在为一个没有剥削、没有压迫的社会制度而斗争时正学着把《资本论》当作进攻武器。"老人"的心中得到了最高的奖赏。

朋友们一再催促马克思快点完成《资本论》的后面几卷。这虽然符合他本人的心愿,但是困难重重。校订工作是不能不做的,更重要的是对各国的工人革命运动的指导。

马克思的病情日趋恶化。他在1872年之后的几年里顶住疾病的侵扰,还断断续续地撰写《资本论》第二、第三卷的草稿,只要感觉有点好转就把精力用于《资本论》的研究上。

晚年,马克思研究的科目之多和使用过的材料之浩瀚是同样惊人的。仅仅在俄国统计学方面,他所阅读的书籍,恩格斯就能给他开列出一大堆,其体积超过两立方米。马克思为写作《资本论》,研究了财政金融、农业史和农业学方面的所有重要现象,此外他还研读了地质、生理和数学方面的许多书籍。

直到 1878 年,马克思已花甲,但他的学习劲头仍不减当年。从这年起至逝世前,他专心系统地钻研数学,研究并摘录了拉克鲁瓦、麦克曾林、欧勒、波茨的论文,还在专门的笔记本上写了大量的札记。

马克思还仔细研究了古典数学家笛卡尔、牛顿、莱布尼茨等人的著作,继续探讨 19 世纪 60 年代就已开始的数学分析,阅读了数学分析和高等代数方面的许多大学教科书,研究并摘录了索里、布沙尔拉、欣德、霍尔、赫明等人的著作。

19 世纪 80 年代初,马克思在学习和研究的基础上写了《论导函数概念》《论微分》等论文。这时恩格斯正在写作《自然辩证法》,为此马克思把《论微分》献给了恩格斯,他在存放手稿的袋封上写着:"给弗里德。"

恩格斯看了马克思写的论文和札记,发现他在数学方面也很 "精通",也有其 "独到的发现"。

爱的颤音

燕妮病了,病了很久,年轻时的丰润、漂亮只能依靠想象了。她的病一直都没有得到确诊。1880 年以来常卧床不起,怀疑是肝癌。

马克思去卡尔斯巴德矿泉疗养地的道路被反动政府切断了。1878 年以后,身体也经常出毛病。完成《资本论》第二、第三卷才真正成为这对老夫妻的医病 "良药"。

马克思的头发已白过了发梢,连鬓发和下巴胡须上,孙子们也再找不出一根黑丝来,上唇的胡须也开始花白。马克思更加"黑""白"分明了,但从精神的刚毅、顽强上,丝毫也看不出这位"雷公神"老人身上包裹着多种病痛。

那头上雪白的一朵云,又匆匆飘去了英国博物馆。

一天,天气昏暗,燕妮觉得身体特别不舒服。琳蘅坐在她的床头,给自己宠爱的"外孙"织小袜子,她一针一线、一心一意无私地为这个圣洁的家庭编织着欢快,从不留意和后悔自己已白发苍苍。这时她也为燕妮的健康而异常焦虑和不安。她替燕妮的病情感到难过,更担心燕妮一旦有什么不测会给马克思这位"国际"首脑带来绝望。

燕妮在沉思遐想中,脸上的颧骨让她脱了美貌,然而病痛也掩饰不住她不时漾出的轻盈、温柔的微笑。

"知道我在想什么吗?尼姆?"

"想的是早日恢复健康呗。"琳蘅回答道。但为了掩饰内心的不安,燕妮便又大声地咳嗽。

"不,琳蘅,咱们还有什么可以互相哄骗的呢?难道你是那种多愁善感的人吗?你是个非常坚强的人,但还要更加坚强。当我不在了的时候,你应该去扶助可怜的摩尔。他在许多日常琐事方面不是简直像个大孩子吗?这对他来说是一场可怕的考验哪!我非常担心他是否能经得住。你和恩格斯要帮他坚持下去。唉,不要这样大声地擤鼻涕啦。我们不谈后事了。你知道,琳蘅,我今天一直在回想摩尔以前赠给我的诗。他从来都不是个好诗人,不过,他把多少真挚的情感倾注在诗句里啊!"

"他过去和现在爱你,将来也永远爱你。"琳蘅说,"我也是这样,我亲爱的燕妮,不过我倒很想见着一个竟连马克思夫人这样的妇女都不爱的人呢!"

"这就是瞎说了。好了,好了,别生气,摩尔还需要我,你和孩子们,还有其他一些人都需要我,我绝不想死,绝不。我要活下去,你相信我吧。"

这时,燕妮从枕头下拿出抄诗的小本子,琳蘅把床头柜上的灯挪近一些,她俩就又像年轻时在威斯特华伦家读起19岁的青年马克思献给燕妮的几首十四行诗,其中一首如下:

> 燕妮! 笑吧! 你定会觉得惊奇:
> 为何我的诗篇只有一个标题,
> 全部都叫作《致燕妮》?
> 须知世界上唯有你,
> 才是我灵感的源泉,
> 希望之光,慰藉的神。
> 这光辉照彻了我的心灵,
> 透过名字就看见你本人。
> 燕妮这名字——个个字母都神奇!
> 它的每个音响都使听觉着了迷,
> 它的音乐,借助金弦三角琴,
> 委婉的音响,随处向我唱吟,
> 像玄妙的神话里的善神,
> 又宛如春宵月色荡波心。

和丈夫在一起的时候,燕妮时常取笑这写得不怎么样的诗歌初作。

"粗糙的作品。演说术式的、软弱无力的论说。"马克思谈到自己的诗时,总是这样说。

"然而,这里面燃烧着多么强烈的爱啊。"燕妮又在心中暗自反驳马克思的看法。

燕妮靠在枕上,半闭着眼睛。她觉得自己那么虚弱,好像血管全都爆裂,生命如同血液一样从全身流出。爱人的十四行诗在记忆中涛声般地鸣响，她倾听着，微笑着……

1881年7、8月间，马克思左右不离地在妻子身旁照料，他不得不放下写作。为了让她快活些，马克思陪着她到法国看看大女儿和几个外孙。回到伦敦时，燕妮已精疲力尽了。

回伦敦后不久，由于焦急和失眠，体力消耗过度，马克思也病了。

去了女儿家，回来又从德国传来好消息，燕妮特别愉快和高兴。读者要求印行《资本论》第三版。在英国的一本著名刊物上，前所未有地登载着一篇文章，颂扬马克思为卓越的科学家和社会主义思想家。10月底的一次令人兴奋的选举结果再次证明，即使在反动政府"非常法"的压迫之下，德国工人运动也仍然在不断地前进，工人们越来越理解马克思的学说了。

这天早晨，马克思也突然觉得自己好多了，他自行走到燕妮的房间里。

抱病的老夫妻为喜讯拥抱，互相吻着对方都已枯槁的手指。

爱琳娜在门外感动地悄悄看着暮年的双亲："他们在一起成了年轻人，好似一对正在开始共同生活的热恋着的青年男女，而不像一个病魔缠身的老翁和一个弥留的老妇，不像是即将永别的人。"

1881年12月2日，是燕妮弥留的最后一天。天气寒冷，夜里急风暴雨。她直到最后一分钟，神志始终清醒。当她的言语已经十分困难时，为了让亲人们振作起来，最后尽力地握住每一位亲人的手，用英语向心爱的人说出最后一句话："摩尔，我支持不住了。"

凝视丈夫的眼睛，突然惊异地睁大，又同很早很早的青年时代一样，晶光闪亮，炯炯有神，最后一次辉映出这位非凡的女性那伟大与深邃的心灵。眼睛中闪烁着唯一能减轻死亡痛苦的是无穷尽的爱。

燕妮去世了。马克思仿佛停止了感觉和思维。爱情的终曲发出了强烈的颤音……

睁着眼睛"睡"了

燕妮的逝世对马克思的打击太大了。医生极力设法使马克思摆脱这种完全衰竭的状态,但已毫无功效了。恩格斯所顾虑的也正是这种后果,他的悲痛无以复加,他以绝望的声音说:"摩尔也死了!"

这句话初听起来多么冷酷无情,但它深深地刺痛了爱琳娜,只是到后来她才理解"将军"的洞察力是何等敏锐,马克思内心的某种最富有生命力的部分,已同燕妮俱亡了。悲痛摧垮了巨人。他自己刚刚患过肺炎,尚未痊愈。所以,医生和亲人们一再要求他不要到墓地去为已故的妻子送葬。

燕妮·马克思被安葬在海格特公墓非教徒墓地。这正是她曾在汉普斯泰特荒阜的小山顶上同马克思常散步所看到的那座公墓。

恩格斯站在掘开的墓穴前发表告别讲话,由于心情激动而口吃得厉害,伤心的泪水夺眶而出,但他一点也不为自己这时的口吃而难为情。

"朋友们",恩格斯扫视了一眼到场的人们那哀痛欲绝、低头痛哭的身影,特别是那花白头发的琳蘅俯在灵柩上大哭不止,恩格斯哽咽着说不下去了。

只有几位朋友、亲人伴送燕妮到达长眠之地。恩格斯在悼词里为这位崇高、顽强的女性树起了一块纪念碑:

> 这位具有极其敏锐的批判智能、充沛的精力和热烈的性格的,忠于自己的战友的女性,在差不多40年中为运动所做的事情是社会公众看不到的,现代报刊的年鉴里也没

有记载下来。这一切只有亲身经历的人才感受得到。但是我深信：那些巴黎公社流亡者的妻子们还会时常回忆起她，而我们也将时常为再也听不到她那大胆而合理的意见（大胆而不吹嘘，合理而丝毫不损尊严的意见）感到若有所失。……如果有一位女性把使别人幸福视为自己的幸福，那么这位女性就是她！

燕妮离世两个月后，医生劝马克思外出疗养。1882年2月，马克思去法国的大女儿燕妮家度过了冬天。尽管女儿对他关怀备至，让他生活得轻松愉快，但是深深的忧郁还是常常让他茫然，他的全部思念都萦绕在他的终身伴侣身上。

几个月来，地中海、阿尔及尔的壮丽景色总算多少消解了马克思心中的忧郁，特别是阿尔及尔最好的医生斯特凡博士把他发炎的胸膜和左胸里的积水抽出来后，他的身体状况更有好转。

5月，马克思请一位阿尔及尔的理发师给他把胡须和长发剪短，并且拍了张照片分别从马赛寄给了他的孩子们和恩格斯。马克思取笑自己改变了的仪容并且高兴地着了色，仿佛要让自己的形象在他的亲人身边重现似的。

马克思又转到瑞士见女婿龙格里。那里山区的新鲜空气和硫矿温泉对他养病更起了作用。

9月，马克思欣然回到伦敦，先是和恩格斯一块儿住了几个星期。之后，他又回到了梅特兰公园路自己的家里，回到了同燕妮生活过且是她离开人世的地方。时间，如同纯净的水一般，从金沙中淘洗着自我，过去夫妻间微不足道的口角、不满或是委屈早已荡然无存。马克思从这个房间走到那个房间，好像在寻找着什么。他在自己的书斋里站了好久，可怕的悲痛使他极其消瘦和苍老的脸抽搐起来。

"燕妮，燕妮……"

抽泣声惊醒了琳蘅和爱琳娜，几经劝解，马克思才渐渐安定下来。

身体一旦好转，马克思心里又燃起了一线希望。抓紧校阅《资本论》第一卷的第三版清样后，完成第二卷的付印，而将《资本论》第二卷献给自己心爱的亡妻。

然而，入冬后马克思的身体又很难支撑了。加上大女儿燕妮生下第6个孩子的第三代"燕妮"（为纪念母亲起的名）后，不久也病重垂危，这给马克思的精神又是一个致命打击。

转入新年，马克思的身体状况更为恶化，身体严重消瘦。

1883年1月10日，马克思给恩格斯写了最后一段话：

> 奇怪的是，现在每当神经受刺激，我的咽喉就被卡住，就像红色沃尔弗（已故的斐迪南·沃尔弗）卡住自己的兄弟——粮食投机商一样。

1月11日，马克思获悉女儿燕妮在巴黎逝世的消息，他的心里一时很难接受，几分钟像瘫痪似的倒在了安乐椅上。

琳蘅真像母亲关心"大孩子"似的护理病人，她常常一连几个小时坐在马克思身边，内心还要尽到女友燕妮相托的一份心愿。恩格斯坚持每天都来看望马克思。

伦敦的上空布满了初春的浓雾，棉絮一样的雾团极力穿过窗户钻进室内。

3月14日这天下午，马克思坐在他的安乐椅上。

从来都不闲着的琳蘅坐在一个角落里，为马克思编织一副坐在办公桌上写作时戴着御寒的手套。

电铃突然拉响。琳蘅赶忙下楼为来访的客人开门，来访的原来是恩格斯。

"尼姆，他怎么样？"恩格斯低声地问。

"他坐在安乐椅上。"琳蘅一边回答，一边急急忙忙地上楼，以便不让马克思单独一人待的时间过长。她很快又走下楼来对恩格斯小声说："您请进，他快睡着了。"她请求地做了一个手势。

当恩格斯同琳蘅走进房间的时候，伟大的思想家卡尔·马克思已经安静地长眠了。

马克思在两分钟内停止了脉搏和呼吸，安静地无痛苦地永远地睡着了。

只是睁大着眼，马克思看着桌前未定稿的《资本论》第二、第三卷的草稿，盯着自己未竟的事业，等待自己亲密战友的到来……

恩格斯失去了最好的朋友马克思，他用手轻轻地合上了战友的眼睛。

马克思安详地在安乐椅上睡着了。琳蘅和爱琳娜跪在马克思的面前失声痛哭，她们都像小孩子偎依在大人的怀抱里。

恩格斯也不住地顿足和抽泣……当看到马克思案前的《资本论》第二卷、第三卷草稿……他又霍然振作起来，用手抚摸了一下自己那光润而平整还没有一根银丝的棕色头发。

马克思的葬礼很简单。1883 年 3 月 17 日，只有附近能赶来的几个朋友，只有孩子和琳蘅，为他送行。

遵照马克思先前的遗嘱，他的遗体与妻子同穴安放，生死与共。

永垂不朽

恩格斯怀着十分沉痛的心情，在马克思墓前致了悼词：

　　3 月 14 日下午两点三刻，当代最伟大的思想家停止思想了。让他一个人留在房里还不到两分钟，当我们进去的时候,便发现他在安乐椅上安静地睡着了——但已经永远地睡着了。

这个人的逝世,对于欧美战斗的无产阶级,对于历史科学,都是不可估量的损失。这位巨人逝世以后所形成的空白,不久就会使人感觉到。

正像达尔文发现有机界的发展规律一样,马克思发现了人类历史的发展规律,即历来为繁芜丛杂的意识形态所掩盖着的一个简单事实:人们首先必须吃、喝、住、穿,然后才能从事政治、科学、艺术、宗教等等;所以,直接的物质的生活资料的生产,从而一个民族或一个时代的一定的经济发展阶段,便构成基础,人们的国家设施、法的观点、艺术以至宗教观念,就是从这个基础上发展起来的,因而,也必须由这个基础来解释,而不是像过去那样做得相反。

不仅如此。马克思还发现了现代资本主义生产方式和它所产生的资产阶级社会的特殊的运动规律。由于剩余价值的发现,这里就豁然开朗了,而先前无论资产阶级经济学家或者社会主义批评家所做的一切研究都只是在黑暗中摸索。

一生中能有这样两个发现,该是很够了。即使只能作出一个这样的发现,也已经是幸福的了。但是马克思在他所研究的每一个领域,甚至在数学领域,都有独到的发现,这样的领域是很多的,而且其中任何一个领域他都不是浅尝辄止。

他作为科学家就是这样。但是这在他身上远不是主要的。在马克思看来,科学是一种在历史上起推动作用的、革命的力量。任何一门理论科学中的每一个新发现——它的实际应用也许还根本无法预见——都使马克思感到衷心喜悦,而当他看到那种对工业、一般历史发展立即产生革命性影响的发现的时候,他的喜悦就非同寻常了。例如,他曾经密切注视电学方面各种发现的进展情况,不久以前,他还密切注视马塞尔·德普勒的发现。

因为马克思首先是一个革命家。他毕生的真正使命,就是以这种或那种方式参加推翻资本主义社会及其所建立的国家设施的事业,参加现代无产阶级的解放事业,正是他第一次使现代无产阶级意识到自身的地位和需要,意识到自身解放的条件。斗争是他的生命要素。很少有人像他那样满腔热情、坚忍不拔和卓有成效地进行斗争。最早的《莱茵报》(1842年),巴黎的《前进报》(1844年),《德意志—布鲁塞尔报》(1847年),《新莱茵报》(1848—1849年),《纽约每日论坛报》(1852—1861年),以及许多富有战斗性的小册子,在巴黎、布鲁塞尔和伦敦各组织中的工作,最后,作为全部活动的顶峰,创立伟大的国际工人协会,——老实说,协会的这位创始人即使没有别的什么建树,单凭这一成果也可以自豪。

正因为这样,所以马克思是当代最遭忌恨和最受诬蔑的人。各国政府——无论专制政府或共和政府,都驱逐他;资产者——无论保守派或极端民主派,都竞相诽谤他,诅咒他。他对这一切毫不在意,把它们当作蛛丝一样轻轻拂去,只是在万不得已时才给以回敬。现在他逝世了,在整个欧洲和美洲,从西伯利亚矿井到加利福尼亚,千百万革命战友无不对他表示尊敬、爱戴和悼念,而我敢大胆地说:他可能有过许多敌人,但未必有一个私敌。

他的英名和事业将永垂不朽!

马克思的朋友和学生李卜克内西,以德国工人的名义向马克思告别,接着又宣读了俄国社会主义者的挽词:

一位最伟大的智者永逝了，一位对无产阶级的剥削者反抗最坚决的战士与世长辞了。

新筑起的坟墓盖满了鲜花，红色绸带上写着伦敦工人、学生、报社、共产主义教育协会等字样……俄国圣彼得堡大学和高等女子学校的学生为此寄来一些钱，恩格斯根据他们的请求替他们献了花圈。

离去的和幸存的这两位无国籍的世界公民，悄然在向全世界无产者、向未来的人们和时代发出召唤！